已經辛苦
就不要再心苦

一起透過「不忍耐的哲學」發光發熱吧！

　　我平常是不看鬼片的人。但哆啦 A 夢裡面，有一集竟然是鬼片！（笑）～裡面說 22 世紀裡的機器人都被吸血鬼病毒感染，變成吸血鬼機器人了！吸血鬼畏懼太陽，躲在黑暗，最要緊的是找到下一個機器人，咬他脖子一口，讓全世界的機器人都變成吸血鬼，聽命於自己。

　　仔細想想，我們每個人以為自己安身立命於進步的 21 世紀，但是，為何幸福感指數卻比相對僻靜、開發度較低的國家不丹還低呢？不可忽視的原因就是人多競爭多，忍耐多。無可否認：不少人的行為其實跟吸血鬼也差不多，他們的思想充其量只能夠在暗黑環境裡自爽，但是卻喜歡追出來咬別人一口，正常人被莫名其妙的咬一口後，一傳十，十傳百，不但害怕這種追殺感而息事寧人，不斷忍耐，失去自我，甚至退化為吸血鬼的行為而不自知，甚至再去壓迫他人，形成你常聽到的體制壓力、社會壓力、群體壓力。

　　面對現實吧！其實我們還沒有吸血鬼那麼好命，以為被咬一口變成吸血鬼從此聽命於伯爵大人就天天開心了，我們反覆被壓迫，只能順從地忍耐，累積的壓力不斷內化，讓時下流行的解藥「做自己」成為一種口號。每天都在忍耐，要怎麼做自己呢？大家也是臉上三條線吧！

不能舉右手的人，很自然地當然舉起左手。不能邁開左腳的人，當然抬起右腳。不忍耐，表面上是忍耐的相對之詞，但是要從忍耐的模式轉換為不忍耐，絕非易事。梅根王妃不想忍耐英國皇室的傳統體制，要拉著哈利王子老公迎向新生活，也不是只靠勇氣。我們一般平民女性，到底該怎麼在資源不足，仰人鼻息中，不讓「不忍耐的勇氣」淪為潑婦罵街？怎麼讓「不忍耐」不淪為紙上談兵、純屬搞笑，而是真正使「不忍耐」成為一種健康的生活態度呢？

　　感謝曾經的水仙花小姐（「水仙花」一詞在韓國，表面上是一種稱讚，指白皙臉蛋、話少到不能再少）暢銷作家李承柱，她用最生活化的例子，告訴我們：如何在忍耐與不忍耐中，求得比例平衡！我太愛這本書了！想要理直氣壯地「不忍耐」是需要徹底思考與模擬練習的，女性朋友們，這本書就是時尚界裡的那件黑色小洋裝，是黛安娜王妃最喜歡的珍珠，看了，就能為妳的人生加分，透過閱讀本書，讓生活去蕪存菁，一起透過「不忍耐的哲學」發光發熱吧！

醫師　黃宥嘉

身為女人，我們都能活得更加自由精彩！

　　拿起本書的妳，正在忍耐一些不公平的處境嗎？我想問：
「人生只有一次，選擇忍耐的妳，到底在等待誰的憐惜？」妳
想，那個人給得起妳要的憐惜？給得起妳想過的人生嗎？很多人都
說，台灣已經是相當性別平等的地方，甚至很多時候女性的權益還
大過男性，真的不應該再提倡任何和女權有關的事了！

　　但，我不認同這種說法。光只是討論過年應該回誰家過？清明
節應該拜誰家祖先？結婚後應該以夫家為重，不該太干涉娘家
事……等等，從這些事就可以看出男女在婚後還是有很大的不平等
存在。

　　本書作者，活在比台灣更重視傳統、男權的韓國，凡事選擇忍
耐的結果，只是更多憋屈，對現狀無可奈何。作者在以為罹癌的誤
診中，生命也跟著蛻變。終於決定不再忍耐的她，帶著讀者們進行
42 個犀利的、目標是要活得更自在的不忍耐練習！作者不斷解構
身為女人的框架的同時，也活得更加自由且精彩，妳一定也可以。

作家、諮商心理師　艾彼

只是想要拿下面具而已

　　看看這個一臉笑得超～級～幸福的女人。她右手牽著可愛的兒子，左手牽著笑得甜美的女兒，旁邊是她成熟穩重的先生，正溫柔地凝視著她，啊，先生還在有模有樣的公司上班，雖然說不上是多大的公司，但薪水不低就是了。她身邊那些還單身的、下班回到家就要趕快張羅孩子晚餐的朋友們，沒有一個不羨慕她的。

　　「欸，妳真的什麼都有了耶！簡直就是人生勝利組，看看我們，還有誰比妳幸福的啊？」

　　她們不知道的是，在這些幸福表面之下的真相。這個女人，回到家後就會搖身一變，成為一臉蠟黃、雙眼布滿血絲、粗話總是掛在嘴邊、動不動就發飆的歐巴桑。

　　「靠，煩死了。」

　　是的，那個「歐巴桑」就是我。

　　和你介紹一下我自己吧！已婚六年、兩個孩子的媽，自從有了孩子之後，就像改名為「某某某的媽」一樣，過著不斷吃悶虧的婚姻生活。

　　話說回來，我這個年紀的職業婦女的工作表現，跟那些到了中午就會在外頭排排站、嘴裡叼著一根菸的男人比起來毫不遜色，然

而，回到家之後的我，不過就是個「被吃死死的黃臉婆」罷了。說真的，我也沒想到自己有一天會過著這樣的人生，明明二十幾歲時過得一帆風順，出生在平凡的家庭、過著平凡的生活、和其他人一樣老老實實地念書，後來也算是名校畢業。硬要說我的人生有什麼缺點嘛，就是找到工作前有段時間在家當米蟲。

直到我結婚、年紀也步入三字頭，一切好像不再順遂，每天都面臨著新的挑戰。尤其婚後最常聽到的一句話就是：「沒辦法，妳是媽媽啊，這就是媽媽要做的事啊！」先生則對我說：「反正我以後拿來賺錢的時間一定比妳久，妳就負責多照顧孩子嘛！」

在公司也一樣，曾經是好朋友的男同事私下搞小團體，還到處說：「唉，女人有了孩子之後的工作能力也就這樣。」「不管怎麼說，到頭來公司還是得靠男人撐起來啊。」

他馬的！這該死的社會。是女人又怎樣？結婚有小孩又怎樣？到底招誰惹誰啊？

於是，我開始認真思考自己怎麼會從「受歡迎的單身女性」，變成現在這個「瀕臨崩潰的瘋婆子」。

然而，我越想越不甘心，越想越不對勁，我想拿下那個「幸福的面具」。我討厭自己總是看人臉色，用討好的樣子虛偽度日，平時總是溫良恭儉讓，結果呢？不就是吃了一堆悶虧罷了！

我想要做回我自己！

我決定不要再假清高了，我要找回真正的我。

沒錯，這就是我真正想表達的。這本書記錄的，可以說是過去像個傻瓜般、百般忍耐的我，某一天因為終於受不了而突然變成大吼大叫的歐巴桑的過程。這個過程一點也不偉大，不過就像在這個廣闊地球上一隻蟲子脫殼的過程罷了。也許還有人會說：「拿下面具之後呢？未來會改變嗎？根本不值得一看嘛！」

沒錯，一定會有人這樣說，但是我只想告訴自己，難道就因為擔心別人會如何看待我的改變，害怕在別人眼中我的改變一點意義也沒有，我就應該要繼續過著吃悶虧、討好婆婆、討好老公的日子？而且還安慰自己「沒關係，這些都無所謂」？

在我內心那股渴望擺脫長久以來那些忍耐的衝動，我相信最起碼最起碼會成為我獲得救贖的希望。

我不需要再假裝自己是個討人喜歡的太太、
不需要再假裝是個賢慧的媳婦、
不再需要假裝自己是個乖巧聽話的員工……
這一切的一切，就是從我不想再假裝下去開始的。
我也相信，我的故事能夠改變和我有類似遭遇的妳。

不要再整天唉聲嘆氣了，爽快拿下妳的面具吧！爽快掙脫被綁得死死的自己！爽快開啟屬於我們的人生、我們的故事吧！

目錄

Part 1 　不再拿別人的期待
　　　　　為難自己

Part 2 不再執著成為完美的媽媽

Part 3 不再忍受 奇怪的職場文化

Part 4 不只為別人，也為自己而活

Part 1

不再拿別人的期待
為難自己

「妳可能得了癌症。」

「有可能是惡性腫瘤，建議您做個檢查。」

再平凡不過的一天也可能會因為「某個意外」，成為人生中最黑暗的一天。「這句話」就成為了那個「意外」。本來只是去看乳房檢查報告，醫生卻拿出超音波照片，在我平靜無波的世界中掀起了巨浪。

「有看到胸部兩側的腫瘤嗎？依據大小和形狀來判斷，很有可能是惡性腫瘤。」

醫生一臉平靜地陳述事實，語氣像是在說我得了某種小感冒，一點安慰的意思都沒有。走出診療間的我，早已把醫生說要安排進一步檢查的建議拋在腦後，只是一心想著：「這是真的嗎？我現在是在夢中還是在現實中？到底是怎麼回事啊？」

當然，得了癌症並不等於宣告死亡，但聽到醫生的話之後，我

最先想到的還是「我快要死了嗎？」這句話。還記得兩個月前我來醫院做健康檢查時，「突然很想」檢查一下胸部，沒想到卻聽到出乎我意料的結果，讓我大吃一驚，當時我立刻感到一陣暈眩，瞬間眼前出現了電視劇才會出現的場景，三十多年來的生活像跑馬燈般一閃而逝，同時，我的眼淚竟然無法克制地、不斷不斷地流下來……

離開診間後，我頭昏腦脹地走到批價櫃檯，付完了額外進行乳房檢查的費用，櫃檯找了我一堆零錢。這時候，幾個十元硬幣從我的指間滑落，就在我低下身撿起硬幣的瞬間，我內心忽然感覺有把無名火燒上來。

我到底在做什麼？我的人生到底都在做些什麼？在這麼悲慘的時刻，我竟然還捨不得那區區幾十塊錢？我為自己這麼可悲的樣子感到非常憤怒！我不管，我需要現在、立刻、馬上發洩這份怒氣！

我想到了幾個人，於是就在醫院廁所前，撥出了幾通電話。

第一個是我先生：「你知道嗎？醫生說我可能得了癌症，我嫁給你之後到底是有多痛苦才會得癌症！這些年來沒有功勞也有苦勞，身體都搞壞了！都是你害的！不管離不離婚，你都要把我的健康還給我！」我一口氣說完之後立刻掛上了電話。

接著，我立刻打給了我爸媽：「我也是會生病的。你們不要再管我要做什麼了。現在我要去做我想做的！都三十年了，為了滿足你們的期待，我真的好累。拜託你們放過我吧！」

再來，我打給我的主管：「部長，我身體已經出狀況了。明明有那麼多更適合的人選，為什麼一定要讓一個職業婦女回家後還得加班到凌晨一兩點才能休息？部長，我告訴你，我不幹了！其他隨便你吧！」

然後，我打給了我的幾個好朋友訴苦。

我怕有些讀者看到「癌症」就想得太嚴重。先說結論，我還沒死。還有，進一步檢查後的結果是，我並沒有罹患癌症。雖然差點被醫生判了死刑（等待檢查報告的那一小時就像一個月那麼久！），重生的喜悅讓我忍不住對醫生說：「醫生，您這樣嚇唬人不行耶！」（其實我非常有禮貌）不過也因為這樣，我開始敢說出真心話。經過這件讓我嚇到心臟快跳出來的事情，我開始認真省思我的生活，一一分析我的生活方式、態度以及個性上的優缺點。它們彼此就像浩瀚宇宙裡的各種運作一樣，不斷衝撞、爆發，最後，留下了一個簡單的問題：「我是不是個很愛找藉口的人呢？」

藉口指數 100 的人，總是把時間花在生氣上

仔細想想，我們的思考真的很單純。面對「未來想過好日子」這種目標，所有人都是貪心地想要一次達標，但對於反省「我真的有朝向目標前進嗎？」這種逆向思考，每個人卻是抱持著

不同的態度。

如果你是認為「今天我之所以會變成這樣，純粹就是我自己的責任」，那麼你的「藉口指數」（不是什麼太了不起的名詞，是我自己取的）就是 0，會這樣想的你，完全是個成熟的大人；而如果是「我其實還可以更好的，都是因為其他許多因素，導致今天的我只有這樣。」像這種夾雜一點點藉口的，就是一個還能撐下去的平凡人。不過，如果你說的是「我之所以變成這樣完全是某某某造成的！」習慣把一切問題歸咎到其他人或者環境等外在條件上，就是所謂的藉口指數 100，等於是在說「我根本沒有選擇權，只是被命運和社會操弄的軀殼罷了」。

問題來了，藉口指數高達 100 的人，很可能憤怒指數也常常飆到 100。他們常會這麼想：「我已經這麼努力生活了，之所以會那樣都是因為別人要求我的、我其實不願意，而且在關鍵時刻也沒人幫我啊。」他們會把「反省自己」變成「遷怒別人」、「怪罪別人」。我們的「怒氣」有個特點，就是只要一生起氣來，就只會越來越氣，後來甚至忘記自己生氣的原因，最後形成惡性循環。

我仔細反省之前在醫院打的那幾通「憤怒電話」，我的「藉口指數」是多少呢？當時我的情緒非常激烈，所以電話另一端的人不可能沒有任何反應，但其實當時不管他們說了哪些話，我都不在乎。現在回想起來，先生似乎是說：「難道我沒有壓力嗎？妳的健

康妳自己也要顧啊！」父母則對我說：「我有跟妳要過錢嗎？妳想怎樣就怎樣啦！」主管回我說：「妳說妳很累？不好意思，是我叫妳要這麼拚命的嗎？」

很諷刺的是，透過這件事我深刻體會到，我幾乎沒有試過坦白說出自己的需求，而當這一切都離我「真正想要的」越來越遠時，我反而更生氣，甚至痛苦萬分。

有時比往前跑更重要的是，問問自己這段時間是如何跑過來的。雖然我們自認為已經全力以赴了，但在人生走到死巷時，最委屈也最可悲的事實就是——其實我知道自己過得並不好，那是種擴散到全身的可怕無力感。

明明妻子的角色、媳婦的角色、女兒的角色、員工的角色，我都已經全力以赴扮演了，但那些都只是「配合社會的期待去做的」，完全不是出於「我的意願」。實際上我並沒有按照我真正想做的去做，卻還找藉口說：「我都做到這樣了，為什麼還是沒有人肯定我？」

本來應該要以真實的面貌活著，卻讓自己塗著銅牆鐵壁般的大濃妝，塑造出「親切貼心、有責任感」的形象，甚至用這個形象，用力擊碎了真正的自己。何必呢？

「只要做到自己想做到的程度就好」

韓星白種元曾經在脫口秀節目《對話的喜悅》上說：「我跟你們說，我以前對所有人都非常親切。不管是在店門口掃地也好，在大眾澡堂也是，跟每個人都很熱情地打招呼。為什麼要這樣做？因為我很想聽到人家稱讚我『他人很不錯耶』。但是這麼做之後，我發現每到晚上我就變得非常不開心。直到躺在床上準備要睡覺時也充滿憤怒感，因為實在太難受了。我內心深處真正的自己一直冒出來。所以現在我都不這樣打招呼了。只要做到我想維持的親切就好了。」

「只要做到我想做到的程度就好了」，這種想法和做法並不是自私的行為，而是生為這社會的一份子，我想在我可以控制的範圍內放過自己。比起什麼都不做或是抱持著「我就爛，不然你想怎樣」的態度，我認為用屬於我的想法和行為與這個世界互動，會是更好的方式。這或許也是把「可能罹癌的危機」轉變成「活得稍微自在一點的轉機。」

現在起，我要慢慢擊碎包裹著我的厚重外殼。

試著不忍耐的練習 NO

來檢視你的「找藉口指數」吧，輕鬆回答即可，請勾選符合你的選項：

☐ 不管是念書、找工作還是結婚，都只是在配合父母的要求而已。

☐ 我現在待的公司裡以等退休的「老人」居多，我只是「懷才不遇」，勉強先待在這裡。

☐ 明明沒做錯卻要一直吃悶虧，偶爾會對這樣的自己感到生氣。

☐ 目前為止，我從來沒有一次不顧他人想法就做出決定。

☐ 我常常因為沒辦法說出真心話，在半夜氣到想撞牆。

◎勾選越多項的人，請注意你是否活得不太自在、不太快樂呢？請思考看看可以選擇、改變的空間，慢慢地釋放自己吧！

 ## 罵髒話也沒關係

　　現在來說說一個我快忘記的人好了，她是我高三時的好朋友，名字是「林春樺」。有一次，我真的被她帥到了。那天我們念書念到快悶出病來，春樺正在寫數學，寫到一半，她突然爆出一句：「我恨死數學了！他馬的。」當時的我是模範生中的模範生，聽到她罵髒話覺得又驚訝又新奇。大概就是一種發現黏在身上十幾年的肥肉突然消失的暢快感吧？

　　春樺看到我驚訝的表情之後大笑：「怎樣，妳都不講髒話的嗎？受不了的時候就是要講幾句才爽啊！他～馬～的。」我的舌頭好像完全被這個發音給吸引住，因為她的關係，我學會了各式各樣的髒話。

　　在家裡因為不能被爸媽發現，只好拚命忍耐，但在學校就沒人

管，所以就講到我開心為止。我跟春樺自在地互飆髒話，一起度過了迎接大考的地獄日子。咒罵著他～馬～的、他～馬～的，不知不覺就成功考上了大學（？）。

是誰說絕對不可以罵髒話呢？（會這樣講的人應該也會躲起來偷偷罵吧？）其實研究一下髒話的由來，會發現髒話裡蘊含一個相當正面的元素。根據韓國民俗學專家金烈圭教授的理論，髒話是一種對不道德的攻擊和嘲諷。就像在韓國民俗假面舞當中，那些把差勁的貴族罵得狗血淋頭的角色一樣，面對這骯髒卑鄙的世界，反諷也是一個表達人際倫理的方式。

我並不是神、佛祖或耶穌，也不是什麼聖人君子要說服你什麼才是「人際倫理」我只是不想再假清高罷了。

順帶一提，我在大學的綽號是水仙花（白皙臉蛋配上纖細身材，話少到不能再少），但我心裡很清楚，水仙花的真面目其實是「因為時常意識到別人的眼光，所以無法說出真正想說的話」。我總是會去思考：我這樣講別人會怎麼想？我這樣的語氣會不會讓人生氣？實際上是 O 型的我，卻把自己逼成小心翼翼的 A 型。

這樣有什麼好處呢？完全沒有。反而還可能讓一個疑似惡性腫瘤的東西找上門。因為我太習慣忍耐，所以人際關係也總是單向的，大家都認為：「反正不管怎樣她都不會生氣啦！」於是變成了一個到哪裡都被占便宜的人。

不會讓父母傷腦筋的女兒、很好說話的朋友、溫順的妻子、凡事逆來順受的媳婦、稱職的媽媽，然後只要聽到有人說「妳人真好」，我可能連排泄物都願意幫忙擦。這樣的戲碼反覆上演，直到剩下可以表達我的心情——

我到底是為了什麼而活！他馬的！

腦科學也贊同我們說髒話？

這讓我想起某天聽到腦科學家所說的話。他說人腦主要可以分成三個部位。第一個是哺乳類的腦_{腦幹：控制呼吸和體溫}、第二個是爬蟲類的腦_{邊緣系統：控制情緒和食欲}、第三個是靈長類的腦_{大腦皮質：理性判斷和快樂中樞}。有趣的是，不同的環境會刺激不同部位的腦。舉例來說，在高壓的環境下，主管情緒的「爬蟲類的腦」會變得活躍；而在安全的環境中，則是主管理性判斷的「靈長類的腦」會變得活躍。例如需要跟瘋子主管對抗的星期一早上，爬蟲類的腦會說：「敢惹我看看！」而到了最接近週末的星期五晚上，靈長類的腦會說：「耶！要放假了！」

我是為了強調「腦與環境」的關係，才提到這冗長的腦科學理論，這也說明了為什麼我們必須偶爾罵罵髒話。想想看，如果過度壓抑情緒，「爬蟲類的腦」就會異常發達，變成一顆不定時炸彈，不知道什麼時候會爆發，所以，平常就要一點一點釋放能

量。

買保險也是同樣的道理，因為不知道什麼時候會發生意外，所以分成每個月定期繳保費。同理，為了預防之後情緒大暴走，偶爾也要把真正的情緒發洩出來。

如果沒有平常就一點一點的發洩，等到真正爆發開來的時候，別人就會說：「妳變了。」明明我平常這麼拚命忍耐，卻只因為失控而發洩一次就會被說「她怪怪的」。所以，根本沒必要假清高啊！就像外在看起來優雅的人，在家也會挖鼻屎一樣，面對人生，輕鬆一點吧！偶爾罵點髒話有什麼關係！

但如果每句話都用「他馬的」作結尾，也有點太多了。理察・史蒂文斯《害群之馬：有時候當壞人也有好處》* 提到：「濫用髒話可能只會增加你對髒話的依賴性。」髒話有減輕痛苦和壓力的效果，但若使用過度頻繁，緩解疼痛的效果就會變弱。理察・史蒂文斯透過「冰水實驗」發現，當實驗者把手泡入冰冷的水中，若是不常罵髒話的人，在那一瞬間罵髒話後能忍耐更久；但如果是平常就髒話不離口的人，罵髒話後減輕痛苦的效果就會較不明顯。

意思是，在絕對必要時說一句髒話能發揮最大的效果，所以建議也不要狂講髒話。就像你的主管天天罵髒話，但很顯然對他個人

---

* 譯注：指《Black Sheep: the hidden benefits of being bad》，該書尚無中譯本。

一點效果都沒有。

再舉個例子，《Show Me The Money》及《高等 Rapper》這類 Hiphop 選秀節目為何這麼受歡迎呢？魅力就在於節目中的來賓在講出那句「XXX」之前鋪陳的一大串東西。說完那一長串之後，瞬間拋出一句「XXX」，讓人非常痛快！還有他們神乎其技的演技！跟我那假清高的「水仙花」時期完全相反。他們頭上頂著突顯個人特色的假髮，以及在胸前晃動的長項鍊，無所不用其極地強調「我就是這樣的人」。所以我連在講髒話的時候都會打著他們的拍子。當不成韓國饒舌界的阿姆沒關係，至少當個敢做自己的阿姨吧*。

雖然上面開口閉口都提到髒話，但我並不是認為「髒話可以成為一種潮流」，而是即將結束疲憊不堪的一天時，能講幾句「他馬的！」或「幹！」這種程度的抱怨，其實無傷大雅。千萬別吞下「為什麼只有我這麼生氣」這類的怒氣，找個可以歸咎的「出氣筒」，罵句髒話讓自己好過一點吧！

我還想說的是：「老公！你放假看電視、當沙發馬鈴薯，我還要忙著做早餐、幫小孩換尿布。部長啊！你沉迷在股海中，我還在幫你改你交代的 PPT。放連假還要挑燈夜戰加班，看得到摸不到的休假，真不知道要找誰要。而且你還敢說我嬌生慣養？拜託部長

---

* 韓國的「阿姨」發音接近中文的「姨母」，「母」和「姆」字押韻。

你去看醫生好不好。」

乖巧的我掰掰～現在我要盡情地過我的週末！耶！

最後我想告訴分享金城一紀在《GO》這部小說裡的一句話：
「拳擊就是以自己的拳頭突破這個圓形範圍，並從範圍外奪取任何東西的行為。圓外高手可多著呢。有時在你還沒能侵犯到對方以前，對方就侵入了你的勢力範圍，搶走你最重要的東西。……聽完這些，你還想學拳擊嗎？」
希望你的髒話不會像伸出的拳頭一樣不痛不癢，也希望帶給這世界「重擊」的故事能持續，然後透過接連不斷的行動，讓你「爬蟲類的腦」能獲得真正的休息。

在此，也順便向我記憶中的「春樺大哥」問好。Good Luck to you & Peace!

試著不忍耐的練習 NO

你是否總是因為太在意他人而說不出真正想說的話？你也想痛快罵出髒話，卻往往到了嘴邊又縮回去？我推薦以下兩部韓國犯罪類型電影——《不當交易》和《萬惡新世界》，裡面的大哥會教你怎麼把髒話講得更順口。另外，如果你有機會去住家附近的網咖，你會發現一踏進去，像「幹」、「靠夭」這種幼幼班髒話，簡直就像打蚊子一樣不痛不癢，請好好享受另一個世界的趣味。如果你發現在這個「學壞」的過程中，心裡總是有個聲音告訴你：「這樣不好吧！」那就對了，恭喜你，你是個很有自制力的大人了。

嫁不了豪門又怎樣？

　　剛結婚時，我以為我遇到了我的白馬王子。風度翩翩、豐富的留學經歷、還擁有一台拉風跑車。用大數據來分析他身上的特徵：「內外兼備，90 分 UP！」原本我以為婚後能過著公主般的生活。沒想到，那匹馬竟然是匹跑不快的短腿馬，他根本是假王子真平民。但是，我依然沒有放棄最後一絲希望，甚至自我安慰：「也許他還有什麼祕密沒讓我知道。」但是，交往六年後，我發現跟著這男人，我無法過上公主的生活。真正的他並不是臉書上那個光是呼吸就能賺錢的男人。

　　我想我會有這種幻想，都是該死的童話和連續劇害的。灰姑娘雖然只是渾身髒兮兮的下人，卻可以因為一雙鞋飛上枝頭當鳳凰；另一種則是，大言不慚地教訓富二代之後，卻能和對方墜入愛河，我從小被這些騙得團團轉，以為這些劇情會在現實中上演。所

以當有人問我：「妳喜歡什麼類型的男生？」我嘴巴上會說：「好相處的。」但實際上我想的卻是：「男人，最重要的就是要有錢啊！」（所以我加入了婚友社，希望可以晉升上流階層。沒想到付了韓幣四百萬加入後，遇到的卻都是怪人）

某個無業男在狎鷗亭有三棟房子，但是他每隔十分鐘就要打一通電話給他媽（勢必是個媽寶）；某個家境不錯的牙醫師竟然上過電視和外國美女相親（他說那叫「相親打工」）；還有一個也是家境不錯又務實的國際律師，但每次見面我都覺得他快咳出血來了（不想太早變寡婦，所以沒下文）。

還有許多講不完的相親趣事。不過那些人起碼還算文質彬彬。而如果要跟「師字輩」結婚，至少要先準備幾坪的公寓，有的甚至叫我交出幾個平常隨身攜帶的物品（他們要拿去作法，消除庶民的穢氣），有的要求我結婚後就要辭職、專心顧家，而且當他們提出這些要求時，大部分都是才「第一次見面」而已。那是我第一次知道，所謂「有錢人家」，就是我在意對方擁有的財富，對方則在意「我能為那個家庭帶來多少財富」。既然我自己也得帶財，那麼我很想提出一個要求，應該讓對方的父母一起參與相親才對，到時候我一定要問一句：「您好，我是您的準媳婦。請問關於財產我未來大概能分到多少呢？」

男人要挑潛力股？還是績優股？

有位德國作家名叫艾卡特‧馮‧赫希森 Eckart von Hirschhausen，他曾經如此談論過愛情：挑對象就像在餐廳點菜一樣，看看菜單上已經有的選擇，然後盡可能選出最喜歡的那一道。

我選來選去，選到了現在的先生（當時我以為他是無可挑剔、個性又好的有錢人），後來才知道他的留學費用是爸媽花光所有積蓄資助的，跑車是廉價購入的中古車，而他現在的薪水其實跟我沒差多少，卻是他費盡千辛萬苦才爭取到的。我在婚後好幾年才知道這個令人搥心肝的事實。過去像聖母峰一樣崇高的期待，逐漸變成越來越矮的小山丘。這不只是一個下坡，而是像坐雲霄飛車一樣急速墜落！

然而，我的結論並不是要妳去找個真正的有錢人。

雖說貧賤夫妻百事哀，但跟背景相差太過懸殊的人結婚，也會經歷另一種悲哀。

例如我有一個朋友嫁給一位有錢人八年了，還是得跪著跟婆婆領零用錢。她的婆婆是比造物主更偉大的「屋主」，每個月給她韓幣三百萬的零用錢。我跟她說：「三百萬，值得跪啦！」她說：「話是這麼說沒錯，但是也太卑微了，她還會不定時開我家的門進來。像上次我正在換衣服，她竟然按了密碼直接開門耶！」

另一個嫁進豪門的朋友則是感到非常自卑，她說：「每次公婆和我父母見面時，我壓力真的山大。雖然他們講話都很客氣，但我

們家就是有種被看不起的感覺。逢年過節送禮時，父母準備的禮物實在太差了，所以每次要轉交給公婆時，我都覺得很丟臉。」

但，不是每個女人都會遇到這類的問題。有些人就是能乖順得不顧自尊、燦爛地笑著對婆婆說出：「媽～還是您對我最好了！」「謝謝您讓我過上好日子。」

但不是每個人都做得到。包含我在內，我的朋友也絕對不是「能燦笑著俯跪在地的媳婦」。

我曾經看到新聞報導杜拜有位公主打算逃出自己的國家。從小住在富麗堂華的宮殿、擁有超過一百人服侍的拉蒂法 Sheikha Latifa 公主，她想出逃的原因只有一個：「我想成為醫生，但爸媽都非常反對。」可能會有人說她是被慣壞了才會發神經，但我可以明白她的心情。就像遇到家境比我富有的男生叫我閉嘴時，我不是那種會乖乖聽話，而是會一巴掌打過去說「你這王八蛋！」的人。

如果對方指著鼻子要妳閉嘴，妳不會氣到火冒三丈嗎？妳應該也不是「乖乖牌」吧？因為還保有自我，才無法再「乖乖聽話過日子」啊！

在韓國被譽為「夢想導師」的超人氣講師金美敬出過一本書叫《姐姐的毒舌》[*]，裡面提到：「選擇績優股吧！不要選擇其實無

法預測未來的潛力股。」我一度因為錯把先生當成績優股而生氣。之前我跟先生去算命時，算命師說：「他以後會發大財！」現在想想，財哪來呢？別說是從天上掉下來，就算拚死挖地洞也挖不到半毛錢。所以，死心吧！反正比起什麼績優股、潛力股，不如聽聽金美敬老師最近更觸動我心的話：「女人年過四十就會慢慢體會到，我們所能獲得、最珍貴的樂透頭彩就是──妳自己。」

當然，臉書滑著滑著，有時還是會忽然出現一些令人火大的炫耀文，這時候，我的心裡就會忍不住想：「啊～如果是住在這樣的家裡有多好。」不過，醒醒吧！這則貼文之所以出現在你眼前，只不過是馬克・祖克柏設計的演算法結果。

其實我也知道，按照自己的意思過活比較舒服，就算只是踩著拖鞋去超市買根冰棒來吃也好，像這樣用我喜歡的方式生活，對我的身心都更好。大概也是因為這樣生活著，才能在不知不覺卸下心中的重擔吧。

試著不忍耐的練習 NO

有些女性不是得了「公主病」，而是「聖母病」。「他沒有我不行」、「我一定可以讓他變好的！」總是愛錯人的代表就是我朋友 C。不過，在經歷過四次失敗的戀愛後，她決定放棄成為「聖母」，認清了「對方其實沒有她也過得很好」。

親愛的，在這個時代要學會不背負過度的責任和依賴。醒醒吧！先照顧好自己！好好吃飯、好好睡覺、好好生活吧！

我不再迎合那些假朋友

　　人是群居動物，在社會上難免會接觸到各式各樣的人，不過我偶爾會因為人是群居動物這點感到煎熬。當然如果是姊妹淘開心聊天、笑成一片、互相激勵彼此，想到時會令人會心一笑沒錯，但反過來說這也可能是毒藥。每當我想到怎麼會跟那種人成為朋友就一肚子火，實際見面時卻又像個傻瓜一樣痴笑，還要時不時做出一些誇張的反應：「對！妳說得沒錯！」

　　我在孩子的游泳課上認識了一個家長──貞敏，她的身材苗條，還有一張能媲美李英愛的臉蛋。先生賺的錢已經夠她一輩子不愁吃穿。天天去醫美診所和百貨公司報到的她，跟我見面時都會像早就準備好講稿一樣，碎念著：

　　「這次我打的肉毒有保濕和拉提的效果，欸，妳覺得呢？咀嚼肌有消下去嗎？啊，妳看我手上這個包，早知道就不要在百貨公司

打九折的時候買了，這次去義大利說不定會買到更便宜的價格。妳看，我是不是很笨？」

我看到她微微皺起的臉（怕長皺紋不敢太用力），真的很想用力巴下去。我在心裡咒罵著：「現在是怎樣，是貴婦故意在職業婦女面前炫耀嗎？」卻又吞了下去。只能安慰她皮膚很好啊，然後推薦幾個去義大利必買的商品。

更扯的是，我之前去她家時，她說在網路上買的一張桌子送來了，要我幫忙看那張桌子跟她家搭不搭。還要聽她抱怨那個砸錢堆出來的房子有多不合她的意。

對了！還有昭妍！她是我在幼兒園認識的媽媽，我從她那裡聽到世界所有可能發生的意外。比如說吃雞蛋可能讓孩子性早熟，還有孩子每吃一口飯都可能噎死，所以要時時刻刻小心盯著（那餐飯我差點消化不良），她還再三強調要多買幾頂安全帽（這個我完全黑人問號）。

這些都還只是小兒科，提到教養，她的嘴巴更關不起來了。「聽說江南區的小孩五歲就能流暢讀完哈利波特原文書。妳有聽過日本的七田式教育嗎？一種訓練左右腦均衡發展的教育……那不然，妳至少聽過『用進廢退』吧？就是如果都不訓練，孩子的空間感就會退化，數學概念也會落後。」諸如此類，blablabla……

有一次我還在餵孩子吃飯，用肩膀和臉頰夾著手機跟她講，她

講了一個小時還不想掛斷，我的脖子都快斷了。結果我的先生看到後對著我大吼：「趕快給我掛斷！」我能怎麼辦？朋友的電話真的不是想掛就能掛。

獅子不會在意羊的想法

這句話出自《放過自己才是生存之道》*這本書，其中說明了當你面對「其實讓你很厭煩的人」可能會出現的行為（本書作者亞歷山卓，描述了他跟難搞的人斷絕關係時，經歷了多少想讓人想狂罵髒話的過程）：

□ 你常想辦法拒接他的電話
□ 你常找各種藉口拒絕他
□ 你努力記得上次的藉口以免穿幫
□ 你從遠遠的地方看到他，就在準備假裝沒看見、裝死
□ 他按電鈴時，你會假裝沒人在家

只要你符合以上其中兩個項目，恭喜你，表示你也像那位作者過去一樣笨！（老實說我全部都打勾了）。作者說，明明只要直接說出一句「我不想」就行了，為什麼我們還是一直重蹈覆轍呢？倘

---

* 　譯注：《Am Arsch vorbei geht auch ein Weg》，書名暫譯，尚無中譯本。

若哪天這些人「蹦」一聲消失，別說是難過，慶祝都來不及，為什麼一直沒想過要遠離他們呢？我對作者說的話舉雙手雙腳同意。我們一直無法輕易讓這些人離開我們的生命，就是因為一個可惡的事實：我們都是群居動物，所以才會連在明明很討厭的人面前都想好好表現！

其實那種好人緣不過是假象，這點我們都心知肚明。

我比任何人都更瞭解那種社交行為。與其說增加我一分的自尊心，不如說是倒扣一百分。專家說過度在意周遭評價的原因是「缺乏自信」，然後大聲疾呼：「大家要成為獅子！因為獅子才不會在意羊的想法。」

不管你是獅子還是老虎，這句話都成立。意思是，當你明白他們正帶給你痛苦，而且你必須跟他們斷絕關係，就要早點付諸行動。貞敏、昭妍還有我的朋友高恩（現在是只有家族聚會才會聯絡的關係）、秀妍（別再買包包了，三年前跟我借的十萬塊什麼時候要還？）還有香蓮（我知道你們都在我背後講一堆五四三）。除了「認識很久」之外，這些人根本比不上你的其他真摯的朋友，所以，從現在起就應該將這些關係斷、捨、離。

偷偷告訴妳，不久前我竟然對貞敏說出了，以前最重視「群體生活」的我想都不敢想的話。

就在某天她又打電話給我：「我家剛買了書桌，妳要不要來幫

我看一下。」我對她說：「蛤？我對書桌一點興趣都沒有，而且我現在有點忙耶。」（接著就直接掛斷）我都不知道我哪來的勇氣。掛斷電話後，我傻住了，甚至興奮到嘴唇不斷顫抖。這就是我們的結局了嗎？謝天謝地！從那天起她再也沒打給我過，就算是在游泳池相遇，一對到眼她就馬上撇過頭，完全不理我。

哇！我在心裡忍不住吶喊：太棒了！

《放過自己才是生存之道》作者還提到「因為很特別而受人喜歡」的人，會注意自己帶給他人的影響；而「因為很特別而讓人厭惡」的人，是因為他們心中只有自己。我們都不完美，一兩個缺點還可以用「友情」的名義原諒（朋友間互相翻幾次白眼也算正常），但如果到了手機螢幕跳出對方的名字就會升起一股厭惡，恨不得對方消失得一乾二淨這種程度時，就是斷絕關係的時候了，這也是你唯一能為這段關係做的事。

你也因為身為群居動物而困擾嗎？以下這段話同樣節錄自《放過自己才是生存之道》（我真的大推這本書），值得你看看：

「人類天生就想在他人面前好好表現。幾萬年前，人口稀少，保護性命成為了非常重要的事情。當初為了驅趕劍齒虎、推倒長毛象，需要群體生活。而在有冷凍披薩、沒必要跟劍齒虎交手的現在，這機制依然會被啟動。但其實，就算眼前出現了劍齒虎或長毛象，你的損友依然無法在這時幫上任何的忙。」

現在，複誦「獅子不會在意羊的想法。獅子不會在意羊的想法。獅子不會⋯⋯」一百次（我相信你不會真的照做）。現在，大膽、聰明又俐落地擺脫難搞的人，就是你的唯一正解。

試著不忍耐的練習

誰是我人生中不需要的人呢？我大致上可以說出四種類型。第一類，有需要時才會連絡你，請你幫忙完之後就消失；第二類，競爭心很強烈，一味炫耀自己；第三類，跟你說「這是祕密喔！」但是自己卻不斷把事情告訴更多的人；第四類，每次見面都沒有原因的姍姍來遲。不過，讀到這裡的你，是不是有種被刺到的感覺？你覺得都是在講你嗎？「Oh My God！」如果我們在路上遇到，拜託一定要離我遠一點！

 **我是媽媽，
我需要放假**

　　我有個舅舅大我十歲。根據老一輩的說法，我還包著尿布時就會和上小學的舅舅一起在後院玩耍，我們當時沒什麼隔閡，長大後成為彼此的戀愛顧問，也會留意彼此喜歡的電視節目，常常覺得我們好像是平輩。後來舅舅結婚了，某天帶著還在念小學的孩子來我家玩，他吃著點心的時候，突然說：

　　「聽說最近有些瘋婆子竟然會放著小孩不管，自己跑去飯店度假耶！」我的腦袋突然一片空白，嘴裡好像有什麼話要衝出來了：「對啊！舅舅，我就是那個放著小孩不管、跑去度假的瘋婆子。」

　　但我忍住沒說，瞬間恢復理智，畢竟重點不在於「瘋婆子」三個字，而是整句話在說誰。我立刻分析舅舅的邏輯，他要說的是，第一：「身為媽媽應該要做的，是在家裡乖乖帶小孩」、第

二：「為什麼不待在家，還要花錢去飯店度假？」

　　「媽媽的本分就是要在家顧小孩」，我想說，根本是一條「該死的媽媽守則」。當然不是所有男性都這麼認為，但我時不時會感受到大多數男性的腦中都內建了這個可以輕易把女性定罪的觀念，就連我的先生也不例外。

　　我三年前會開始偶爾安排去飯店度假，也是因為聽到「該死的媽媽守則」。就在我生完第二胎，在產假的第八十天早上。我當時還躺在床上，全身像泡了水的棉花一樣浮腫，而且因為前一晚整夜都在忙換尿布，連腰痛都復發了。家裡亂成一團，玩具被丟得到處都是，吃過的碗筷和尿布發出惡臭，混亂程度就像被砲彈炸過一樣，老二還一直哭著要喝奶。直到先生要送老大去幼兒園前，冷冷地拋下一句：「欸，妳應該要打掃一下還有幫我準備早餐才對！都在家裡休息還弄成這樣。」然後砰一聲，大門關上。

　　渾蛋！如果我還有一絲力氣，就會追上去踹他的背，或是大喊一聲：「你了不起你來弄啊！」不過當時的我已經身心俱疲，只能把那個匕首原封不動地插在自己的心口上。「媽媽就要認命」「媽媽應該要張羅全家人的飯菜」諸如此類這些「媽媽守則」，竟也讓我開始反省起自己是不是也應該這麼做？

　　剛好這時跟我很要好的前同事姐姐打電話問候我，講沒幾句我就哭了。我覺得我太不堪、太渺小了，甚至開始想「我怎麼會跟那

種人結婚」，湧出深深的懊悔和愧疚感。哭了大約四十分鐘後，電話另一頭的姐姐卻只是靜靜地說了一句：「妳好像太累了，要不要休息一下？」

去一個能轉換生活模式的地方

自從成為媽媽以後，「休息」從來沒有像字面上看起來那麼美好過。每個人都知道「休息」是人非常基本的需求。就像在段落中使用逗號，就帶有讓閱讀者「休息」的含義，也就是英文裡的「take a break」，用這樣的方式來切斷和脫離。其實我們有時也要為了繼續前進而有意識地休息。

不過對大韓民國的媽媽們來說，「休息的條件」似乎非常嚴苛。將職業婦女壓力數值化計算出的「職業婦女痛苦指數＊由韓國社團法人女性文化交流網絡、女性家族部以及女性新聞共同發表」中，造成職業婦女痛苦的原因包含下列幾項。第一，「孩子就是要由媽媽來照顧」的社會壓迫；第二，「先生不積極分擔家事和育兒」，稍微做一點就覺得自己很偉大，都是在幫妻子的忙（連職業婦女都如此，全職媽媽該怎麼辦）。

＊ 2013 年，韓國《女性新聞》和「韓國社團法人女性文化交流網」、「女性家族部」共同發表了針對全國 3040 名職業婦女進行的「痛苦指數」調查，結果顯示，高達 73.1% 的職業婦女感到痛苦。而有 5 歲以下孩子、年齡落在 30～39 歲、擁有正職工作的媽媽痛苦指數最高（資料來源：http://www.womennews.co.kr/news/articleView.html?idxno=62407）。

這些部分跟我感受到的「該死的媽媽守則」是一樣的。對母親的角色期待形塑出對性別的不平等待遇讓。遇到這樣的狀況時，除了生氣之外，更多的是令人喪失鬥志的無力感。當然例如餵母乳非由女性來做不可，但若男性和整個社會沒有改變偏見，就很難從根本上改變「該死的媽媽守則」。

諷刺的是，大家聽到我這樣的說法都以為，我只是在強調自己需要「休息一下」。不管我的先生有沒有改變，我都必須休息才「有力量持續前進」，而去飯店度假就是其中一個選項。在首爾市區想要有個兩天一夜、短暫的時間，讓身為媽媽的我能夠完全隔絕家人的絕佳機會，就是到飯店住一晚。

這次跟我一起度假的兩人，是我大學死黨「智芝」和「良馥」，她們都還沒結婚。由於工作性質特殊，她們出國次數相當頻繁，所以才選擇一個她們比較不會拒絕的選項——飯店，而且我還是以很高的標準選出這間超讚的飯店。

要約成，真的很不容易。光是要把孩子交給先生就得先折騰一番，而且我有空的時間，她們可能有突如其來的聚餐或相親約會，中間一度已經難約到我想乾脆自己一個人去住算了，因為我們的生活模式太不一樣了。

總之，後來還是約成了，決定日期後，生活開始變得非常可愛。隨著日期越來越接近，我的心情越來越興奮，對先生和孩子也

變得無限寬容，偶爾還會不自覺地哼起歌來。不管發生多惱人的事，只要想到那天，一切都變得微不足道，簡直可以超越所有痛苦。

　　終於到了那一天。其實我們在飯店也沒做什麼特別的事。先到已經預約的餐廳聊上好幾個小時，吐槽公司裡舉辦的超表面「團結大會」、說說中年部長的壞話（因為他對女實習生都不懷好意！當然，不能漏掉哭笑不得的日常大小事，比如只是和老公討論今天誰負責洗碗，就可以吵上一整天的架）。還有大家各自遇到的各種惱人事情，這些話題就是最棒的下酒菜。就像喝下一大口啤酒，再細細感受滑過喉間的泡沫那般，日常瑣事就這樣被輕鬆地一笑置之、自然而然地消化了，Magic！

　　我們沒找什麼特別的樂子，到了晚上十點就來到了重頭戲「轉換生活模式」。韓國詩人皮千得曾在作品《長壽》裡提到：「機械式地一天活過一天的人，就算活到八十歲，也是短命。」而我們旅行的目的就是為了能活得更好。不要只是待在同一個地方、看著同樣的風景、用同樣的模式度日，而是為了挖掘生活樣貌的更多可能。用我的說法來解釋「去飯店度假」，並非只是單純的度假，而是「讓我有力氣回歸日常的療癒旅行」。

　　為了能讓我的生活得以持續運作、變得健康，需要找到屬於我的休息方式。

我堅信，我要先感覺到幸福，才能帶給周遭的人幸福。

所以，不要把自己的可能性關在枯燥的生活中。我趁著這次機會，讓重心從「媽媽」這個被賦予各種期待的角色轉回到「我自己」。

偶爾也走走不同的路、跟新朋友見面，或試著計畫從沒想過的事吧。持續看見不同面貌的自己，不僅可以改變自己，也同時影響著周遭的人。

在飯店時我打開皮包，意外發現先生偷偷塞進了幾張皺巴巴的鈔票。或許狀況沒有我想得那麼糟吧！雖然從未期待，卻彷彿逐漸看見嶄新的風景。在不斷碰撞和前進的過程中，逐漸感受到一點一滴的改變，這不就是生活的樂趣嗎？

試著不忍耐的練習

除了「媽媽的本分就是要看家、顧孩子」之外，還有許多「該死的媽媽守則」。十幾二十年前，媽媽如果穿短裙配高跟鞋或是服裝太貼身，就會被指指點點。也許因為現在女性上班族越來越多，這種反應已經大幅減少，不過只要燙個看起來「貴鬆鬆」的頭髮或是做個指甲光療，還是會被很多人說：「太奢侈了吧！不如拿來補貼孩子的補習費！」甚至很多媽媽已經習慣犧牲自己的喜好。

而我呢？就在不久前，某天我難得有空帶孩子上餐廳吃飯，卻聽到隔壁桌的人一邊低聲交談：「她命真好！」一邊用過度關注的視線打量我們。嘖，寫到這裡又覺得有股怒火上來，真想衝進便利商店，一口氣喝完一整杯冰咖啡！那些視線真是煩死人了！

誰說胖子就該死？

我想變成「瘦巴巴的女生」。

這個目標是在我大一有聯誼經驗後出現的。當時的我身高 153 公分、體重 50 公斤，其實不算胖，只是肉肉的。不過如果跟 BMI 小於 18 的女生站在一起的話，瞬間就會變成大胖子。記得聯誼過程中，有個第一次看到我的男生語帶嘲諷說：「女生是不是都很認真準備考試，沒在減肥？」「妳預計什麼時候要開始減肥啊？」我覺得好丟臉，當下只想找個洞鑽進去。那次之後我就再也不參加聯誼了。沒想到短短四個月，我就瘦了九公斤，午餐只吃一片餅乾、晚餐喝兩杯牛奶。至於飯，我絕對不碰。

我在電視上看到瘦到剩下骨頭的模特兒也會得「厭食症」，她說：「如果吃了這個就會多攝取好幾百卡，絕對不能吃。有時候亂吃，會很有罪惡感，我就會去廁所全部吐出來，因為要是吃進的熱

量都變成身上的肥肉怎麼辦？」

我對她的說法並不意外，因為我也會計算卡路里。例如吃巧克力就要跳一百下跳繩，吃披薩就要游泳一個小時等等，導致我看到食物的反射動作就是在腦中換算成運動時間。而且因為我討厭辛苦運動，所以寧願選擇一直餓肚子。這樣的食物恐懼症在我體重低到三十七公斤時還是持續存在。

後來放假回家時，父母看到我都快昏倒了，醫生也嚴正警告我：「妳再這樣下去會出事。」於是我才開始吃多一點點的食物。不過胃已經被搞壞了，所以沒辦法輕易恢復。以前一餐可以吃掉一整盤的披薩，但現在消化能力大不如前，連一碗飯都吃不完，而且動不動就消化不良。

全世界的女生都做過的事──減肥

女人一旦把某個「美女」當成目標來挑戰，就會對自己非常狠。有人會說：「沒常識的人才用奇怪的方式減肥。」但更驚人的事實是，大部分拚命減肥的人都很清楚那些錯誤減肥法的風險。不過，比起「危害健康」，她們更討厭鏡子裡那個不夠瘦的自己。

「胖＝不漂亮＝沒有魅力」這個先入為主的觀念，讓大多數女性都落入危險的減肥競賽中。問問你周圍的人吧，哪個女生連一次都沒有試著減肥過？應該找不到沒減過肥的人，就算她看起來根本不用減肥。

後來我在某個瞬間突然驚覺，原來自己投入了這麼多時間在外表上。以前我每天早上都會站在鏡子前面，仔細觀察我那翩翩的蝴蝶袖和肥肥的大腿，像念咒語般自虐地喊著：「眼睛要再大一點、臉要再小一點。」為了變美而豐胸，買美白產品、淡化黑眼圈的乳液，甚至拿一半的薪水貢獻給醫美。這筆龐大的開銷確實改善了某些部分（皮膚還真的好很多）。我以為我是在「改造自己」，但問題是這種消費並沒有讓我對外貌感到滿足。

社會定義的美 VS.自己如何看待美

電視媒體總是在散播對於美的偏見。某個女人的正面看上去很平凡，轉身後卻是背影殺手，腰圍 25 吋、臀圍 36 吋，性感到被婆婆阿姨們問過 N 次：「唉唷～妳媽媽是誰啊？怎麼這麼會生，生出這麼漂亮的女兒啊？」

韓國以前有個節目叫做《Let 美人》，是一個幫助素人整形的節目，上節目的素人都是遭逢不幸後變胖、變醜的人。

「我變胖之後，整個人生都毀了，被公司裁員，連先生也開始搞外遇。」每個哭哭啼啼說出自己不幸身世的女生，躺上手術台後，就變成了真人版的芭比娃娃，可想而知，後來的發展就是跟外遇的先生重修舊好。我看著他們彼此擁抱的畫面，似乎在訴說：「變美就能解決一切。」

我們總是為了買下電視中塑造出來的偏見美而不斷掏出錢

來。反過來說，電視穩賺不賠的策略就是「將女性的美貌商品化」。意思就是，他們希望女人能用他們建立的標準來定義美醜，我們根本打從一出生就已經掉入這陰險的圈套中。

當迪士尼推出《灰姑娘》、《白雪公主》、《睡美人》等動畫時，許多評論家都集中火力攻擊：「為何公主都是同一張臉？」而當著名的醫學大學爆出對女新生外表品頭論足的新聞時，也不再令人意外。更扯的是，連我這種已經超過三十歲的平凡上班族，男性主管也會若無其事地批評我的外表：「妳要不要擦點口紅，今天沒擦好像就沒那麼美了啊。」（哩嘛幫幫忙，您的肚子已經出來跟我 Say hello 了。要不要深呼吸收一下？）我特別討厭讓那種傢伙看到我打扮後的樣子，所以從此以後，我只會在去幼兒園接小孩的時候才擦口紅。沒想到過一陣子後，卻變成聽到有人說：「果然做事能力強的女人都不太在意外表耶！」（該死！這又是什麼鬼話！）

社會上似乎有這樣的說法：「要利用女性時，就先稱讚她很漂亮」、「如果要堵住她的嘴，就先攻擊她的外表」。在女性的立場看來，這兩個都不是標準答案。

如果女性本身也認同跟社會定義的美來比較，就像是「把自己塞入平凡無奇的框架中」，只有無止盡的痛苦而已。坦白說，社會的價值觀已經難以改變。雖然有些時裝秀會開始用些比較接近素人身材的模特兒，或是讓素人擔任廣告模特兒，但對於改善整體的認

知而言，還是太微小了，只能算是「小小的一步」。

　　我想就算我們再怎麼聲嘶力竭地吶喊，也很難在一夕之間就改變社會對於女性外貌的要求和標準，除非有顆彗星撞上地球，引發大爆炸。

至少我要愛這個不完美的我

　　一個即將升國中的小學生在網路上發問：「我因為太胖，在班上被同學霸凌，現在準備要升國中了，很害怕發生一樣的情況，該怎麼辦？」雖然每個人的回答都不盡相同，不過七成以上都是：「你要減肥啊！憑其他條件也可以改善人際關係沒錯，但是減肥是最有用的。」

　　「減肥就是標準答案」已經成為社會共同的價值觀，所以要在一朝一夕之間翻轉絕非易事。在這個「不漂亮就沒路用」的世界上，最好的答案就是下定決心不要受到影響。

　　曾經，掉到只剩四十一公斤的我還是認為自己很胖，甚至感到憂鬱，這種「胖子就該死」的觀念曾讓我極度厭惡自己。

　　但現在，我不要讓任何偏見或奇怪的理論打敗我，我就是要愛這個不完美的、原原本本的自己。這是我渺小卻發自內心的呼喊。儘管看起來非常不切實際，但事實上可能沒那麼難，努力看看吧！對自己呼喊：「我是世界上最美的！」試著好好愛自己吧，或許在這個過程中，妳會開始享受愛上自己的感覺，自信心也會逐步

提升。

　　我知道這樣講很八股，也許這種自命清高的言論會引發某些人的反感。我知道，我都知道，但真的沒有別的方法了，因為只有我們，才是我們自己身體的主人。這個想法雖然微小，卻能守護獨一無二的「我」。

試著不忍耐的練習

　　雖然現在不再熱衷於減肥，但我從一年前就開始上瑜伽課來保持身體健康。一週兩次，下班後去上三十人的團體課。瑜伽老師真的很厲害。我看她雙手合起、單腳站立，但是身體完全不會晃動，到底是怎麼做到的？反倒是我，只要超過三十秒，就汗流浹背覺得快昏倒了。

　　某天我想著老師的腹肌，想像自己的腹部也出現了線條，當我正在做下犬式（屁股翹高，後腿用力撐住的姿勢）時，老師剛好經過我的旁邊，一邊調整我的動作，一邊說：「這位同學，妳做錯了喔。這樣只會拉到腰。」咦？這個姿勢我已經在家做了一年多耶！（昏）

醫美診所是媽媽的天堂

　　其實沒有任何女生是不在意外表的。尤其是在遠離怎麼笑都會散發光采的二十幾歲，來到逐漸長出細紋和斑點的三十幾歲，確實需要持續保養。每天做好防曬和除皺是基本，定期「進廠維修」來保養皮膚也不可或缺。

　　不過很有趣的是，我們通常絕口不提自己在管理外表方面所下的工夫（特別是上醫美診所）。當有人問起：「哇！妳皮膚怎麼變得這麼好？」我們通常會敷衍地說：「可能是因為瘦了吧？」或是「喔！我最近比較認真運動啦！」誰都無法坦白又爽快地說出：「因為我有花錢在醫美啊。」我也一樣。因為覺得那樣回答好像自己很有錢似的。尤其有孩子之後，偶爾會想：「這筆錢如果省下來，我就可以幫小孩買更多好吃的。」

唉！我討厭自己這樣想。

對經濟狀況吃緊的家庭來說，韓幣幾萬元並不是小錢，是每個月把菜錢東扣西扣才能擠出來的錢。我常想：「省下看醫美診所的錢，可以買香蕉、牛奶、起士、胡蘿蔔和好幾斤的豬肉耶！」這不但可以證明我是顧家的好媽媽，也是「不自私的媽媽」。

周圍的人更是加深了我的自責感。「對啊！何必要去醫美診所呢？」（這還算溫和的）偶爾會聽到：「妳最近整天待在家，真的是無憂無慮！」（這句話來自跟我一起去醫美診所的善惠的婆婆）不管那些話是溫和還是具攻擊性，都只有一個目的：把使用在我身上的合理費用醜化成「可能會搞垮家裡的不必要開銷」。

其實仔細算算，那些費用並不多。和先生支付「高爾夫接待」一天的費用、某牌電子菸的費用、固定兩天一次買啤酒的錢相比，我在醫美診所花的錢根本只是九牛一毛。更別提我還沒有說出來的那些。

我很想問善惠的婆婆：「不然您打算把媳婦去醫美診所的錢拿來做什麼？」然後聽聽看她會怎麼回（如果我先生是她兒子的話）。她應該會防禦性地說：「男人出門在外多一點錢不行嗎？要稍微抽點菸、喝點酒才可以消除壓力啊！」

這麼說來，女人也需要消除壓力的費用啊！（應對年紀變大的不安更是需要）所以有些人會偷偷固定上醫美診所，卻打死不承

認。我曾經聽過公司某個保養得很好的前輩說：「我前幾天去打了水光針和肉毒，真的很不一樣吧！我照鏡子的時候超級開心的。不過你絕對不可以跟別人說喔！要不然大家會說我是花瓶。」

連我認識的其他媽媽也不例外，有次我在幼兒園遇到一個媽媽，稱讚她：「哇！妳皮膚變得好好喔！好光滑喔！」她聽了卻趕緊否認說：「我沒有時間去醫美診所喔！」我那時候第一次知道原來「去醫美診所＝很閒的媽媽」。

動手術又怎麼樣？只要不上癮，在臉上塞個東西或打個肉毒除皺，都是能提升自信的選擇。我身邊有個朋友的臉是以季為單位逐漸改變的，可以說是「微整形」的鐵粉。

「不覺得臉突然改變很那個嗎？至少我是一點一點改變，這樣別人才不會發現。上次鼻子有稍微墊高，這次是額頭加一點脂肪。怎麼樣？看不出來吧？沒有很明顯，這樣一點一點變漂亮，很不錯吧？這就是微整形的厲害。別人看不出來哪裡變了，但是總覺得越來越漂亮。」先不提臉部到底哪裡變了，我覺得我很瞭解她真正想說的是什麼。

想讓自己變得更漂亮，並沒有錯

不坦白說出投資在「整形」上的努力和費用，可以說是女性不想受到別人指指點點的自我防禦行為。已經不漂亮又不年輕的人，花點錢去做雷射或是拉提有什麼不對？但就是有人會說：

「妳以為妳是明星嗎？」

「媽媽就是要照顧小孩啊，幹嘛做那些有的沒的？」

「老了就認老，還花什麼錢。」

所以倒不如什麼都不要講。不過還是可以從幾個地方看出來。有些媽媽不想讓先生發現，假裝說要去超市，實際上卻是去醫美診所，所以在療程中非常著急（保養的時候問了二十次：「可以趕快結束嗎？」）要不然就是參加聚會時故意問：「你們看看我哪裡變漂亮了啊？」（因為她背著先生去做了眼尾拉提）看到這些狀況，我真是哭笑不得。

她們想要一石二鳥。想要不知不覺變漂亮，又想表現出是個不會把錢和時間花在外表上的智慧（？）女性。她們的計畫是不著痕跡地把面子和裡子都做足。

畢竟，如果可以簡單，誰想要複雜？但我認為，倒不如直接向旁人坦白說出來吧，因為去醫美診所這件事，不應該是會被攻擊或需要辯解的事，尤其當妳為了省菜錢而決定不去醫美，卻又被別人說「當媽以後就不花心思保養」時。但是，當我們為了讓自己變得更漂亮、決定花點錢投資在自己身上而進出醫美診所時，為什麼還得偷偷摸摸、緊張得心跳加速？

下次就直接光明正大走出門吧！如果有人唸妳：「怎麼又要去？」就堅定地回答：「因為我很愛自己。」當妳為自己投資些什麼時，那過程本身就是非常幸福的。踏出的每一個腳步都令人悸動

（覺得自己會變得更漂亮，所以心臟撲通撲通地跳），躺在那裡進行三、四十分鐘的療程時，會覺得這裡真的是天堂啊（因為只有這裡的人才會悉心呵護我）。更重要的是，看到自己煥然一新的樣子，就像穿上一件高級綢緞衣般，心想：「沒錯，我也要這樣更溫柔地愛自己才對！」

　　我因為常上醫美診所，瞭解了很多關於皮膚的知識，甚至可以算是一個皮膚諮詢顧問。如果妳的困擾是不知道該不該去醫美診所時，我會用非常慈祥的表情回答妳：「哇！這位小姐，醫美是愛自己的表現，拜託妳一定要常常照顧自己喔！阿門～」

　　當然我不是什麼虔誠教徒，但我認為如果哪天妳決定侍奉什麼神明，應該要從「信己教相信自己」開始。不用在意別人的眼光，不會被別人的言語左右，而是能張開雙臂大方接納那些說妳愛花錢的路人甲乙丙。

　　「妳有資助我嗎？還是嫉妒我變漂亮呢？如果都不是的話，還是妳想介紹厲害的醫美醫生給我？」

試著不忍耐的練習 NO

　　如果你覺得問人「還是你想介紹厲害的醫美醫生給我？」很尷尬，代表我們是同一種人！那麼我介紹幾個絕招給你，教你怎麼選擇「好的醫美診所」。這是我砸大錢才買到的技巧，大可放心照做。

　　首先，要遠離國際規模的大型連鎖醫美診所，你可能會被絡繹不絕的人潮吸引，不過那些通常是專門招攬外國客的地方。再來，那種手術費便宜得很離譜的地方也要遠離，我曾經做過號稱只要韓幣五萬元就能墊高鼻子的手術，結果之後還要去別家醫院付韓幣三十萬才做完，非常狼狽（便宜真的沒好貨）。在諮詢時，不只要留意醫生親不親切，也要看醫生問得仔不仔細，因為醫生的專業不在於「拉客」，而是「實力」。至於其他技巧，就不方便在書上說明，歡迎你隨時詢問我！

別再期待我會成為公務員

「深呼吸～」

要開始講這個故事時，不知為何就會先深吸一口氣。

那是一段我非常不願意回首的過往，就是，我試圖讓我爸媽理解我在做什麼。

我爸媽都是公務員，我姐姐也算是教育界的公務人員──老師。問題就在這裡，在我們家，只有我不是公務員。

「只有我不是公務員」這件事成為我們溝通的第一個衝突。在還沒進大學前，爸媽就說：「你可不可以跟姐姐一樣讀教育大學？讀一般大學會餓死。」但人的本性總是這樣，往往越被阻止的事情就越想做。

後來我上的是私立大學國文系，我以為只要我能當上電視台節目製作人，並且哪天出現在電視上時，爸媽就會肯定我了。沒想到

這卻成為我們溝通的第二個衝突。

我沒有當上製作人，畢業後在家當了四年的米蟲，好不容易下定決心去面試，卻在面試的最後一關被刷掉。一路到二十八快二十九歲才進入一個小型的廣告公司。雖然不是製作人，但至少是個文案企劃，算是我的小安慰。因為公司不用穿統一的套裝，可以穿我喜歡的便服，還能製作大家都會看到的電視廣告，這件事帶給我很大的自信。（在我那個年代要當上企劃是很難的，這在當時是一個蠻新穎、讓人羨慕的職業）然而，當我跟爸媽說我的工作是企劃時，他們很擔心地問：「那是什麼？是做什麼的？」

這時遇到的問題就是「肯定」，也就是所謂「認同之爭 struggle for recognition」，孩子很渴望能被爸媽肯定。小時候姐姐就因為很會念書而得到許多關愛（妳就是那個很厲害的銀英的妹妹嗎？），當我表現得沒有姐姐好的時候，他們的失望也完全如實表現出來（姐姐是全校第一，我算什麼？）。

爸媽這樣的反應在我心中留下了陰影。

應該是在小學的時候吧？某天放學後，我回家跟媽媽說我考了第六名。媽媽說：「又是第六名？前五名才拿得到獎狀，你怎麼都是第六名？你就永遠當第六名好了！」當時她躺在床上面無表情說出這句話的畫面，帶給我無法言喻的衝擊和屈辱感。應該是從那時候開始，我每件事都想得到「父母的肯定」，就像 CAS 品質認證

標章那樣，我想被蓋上「妳做得很好」的認證章。

這種內在的渴望，以專業一點的說法就是追求他人的肯定（德國哲學家阿克塞爾·霍耐特 Axel Honneth）。給予肯定和被肯定兩者之間，就像階級一樣，是弱者為了滿足強者那方的標準而努力的過程。我也不例外，為了讓爸媽能肯定我的工作、肯定我這個人，我不斷努力希望讓他們理解我（即使婚後也一樣）。

「剛剛播的廣告是我做的喔（先起個頭再說）。」

「喔！我早就知道啦！」

「廣告文案就是寫出廣告的台詞，跟寫劇本一樣（特別說明）。」

「咦？劇本是你寫的嗎？」

「沒有，我是推薦模特兒和製作分鏡圖，說服消費者購買（加入一些專業術語）。」

「怎麼那麼複雜？」

「嗯？我已經講得很簡單了（努力說明中），就是……」

「好了啦！所以我才叫你要跟你姐一樣當老師嘛，要把一件事講得讓人容易理解啊。那，妳那間公司是業界第幾大？」

爸媽明明說過職業不分貴賤，但他們腦中似乎只有三個標準：我有沒有聽過這間公司？是不是很有名的大公司？規模和盈收表現突不突出？所以當我跳槽到現在這間名聲響亮的大公司時，他

們就像孩子一樣開心得不得了。

「女兒終於有個像樣的工作了。（什麼意思啊？）」

「這間公司好多了！韓國前十大耶！（你們好像比我還清楚？）」

「進公司之後會賺很多錢嗎？（並沒有。）」

其實他們到現在還是搞不太清楚我在做什麼。我已經從「文案企劃」晉升到更難說明的「品牌企劃」，但對他們來說並不重要，只要「公司有名」就好了。

但即使進了大公司，我的世界也沒有因此飛黃騰達，我常常為了說服別人「我的概念很好」，得要從「概念的定義是什麼」開始說明，就算我覺得「這個方向應該是對的」而努力寫企劃，到頭來卻總是被罵得狗血淋頭：「妳到底在瞎忙什麼？」

當我為了新案子而野心勃勃地構思新點子，卻被主管白眼：「我說，這個案子有很多限制，很難進行，事情已經夠多了，妳幹嘛每次都想做沒做過的事？」這就是為什麼上班或開會時絕對不會感到興奮的原因，曾經感受到的熱情和動力都被消磨殆盡。

表面上是在大企業工作的光鮮亮麗女子，實際上不過是個灰頭土臉的上班族。所以我只能用「賺的比在廣告公司多」、「可以更早下班」這些實際的小確幸來麻痺自己。其實，我比較喜歡在中小企業工作，努力多少就能得到多少成果，甚至也能監督主管，而待在這該死的大企業裡，卻只是逐漸消磨了我的存在感（難道，挑公

司也要看八字？）。

對於自己為什麼很執著要得到別人的肯定，我找了一些專業的資料後，發現可以歸因於以下幾點：自卑、自我價值低落、社交焦慮猜測他人評價時經歷的不安，而我的狀況比較偏向「社交焦慮」。跳槽到大企業是因為公司有附設幼兒園，除此之外，我已經厭倦和父母清楚說明我的職業，所以希望只要說一句「我女兒在某某企業上班」就能立刻讓父母和周遭的人輕鬆理解。

不過，事情總是不如我所預期。

這種說明方式大概只能維持十秒。「你女兒是做什麼的？」「喔！她在某某企業上班。」句點。孩子二十幾歲時，需要成為父母聚會中「能拿來炫耀的對象」，但到了三十五、三十六歲以後，根本沒有人會好奇誰的小孩在做什麼。而且父母現在關注的焦點也不在我身上。

不知道從什麼時候開始，他們關心的是健康節目上介紹的保健食品，還有瘋傳的長輩圖。也許在長輩聚會中，已經不像以前那樣宣傳：「我女兒現在怎樣怎樣。」就連我偶爾也會懶得介紹我的工作，只是說：「混口飯吃而已啦！」實際上也差不多就是那樣。

時間真的會改變一個人。不久前我回爸媽家時有了這樣的對話。爸：「聽說第四次產業革命的*趨勢*是建立自己的品牌，強過屬於某個集團。」媽：「這麼說來，你當廣告企劃是個很有發展性的工作囉？」天哪！他們終於想通了！於是我不自覺的說出「太好

了」，而且還差點起雞皮疙瘩。

我興致勃勃的繼續追問，想確認他們對我改觀了多少，「爸！媽！那我沒有當公務員，你們也不會覺得很可惜吧！而且我不在大公司上班也沒關係吧！」沒想到他們說出了出乎我意料的答案：「妳的人生妳要自己過啊！我們什麼時候干涉過妳？我們有不准妳做這個、做那個嗎？」

從他們的回答裡，我終於瞭解什麼叫做「無窮無盡的空虛感」，我終於體會到，根本沒必要渴望得到他人的肯定。就算你揮拳揍他說：「就是你當初叫我選這個的！」也只會被吐口水而已。

跟別人說明你是做什麼的、你有多少價值，就像是「往破甕裡倒水」，再怎麼倒都不會滿，就算你認為能倒的都已經倒進去了，還是會擔心是不是不夠多，這種「應該要多倒一點的壓力」會把自己搞得很焦慮、很憂鬱。

仔細分析就會知道，這種想被肯定的慾望不是任何人強加在我身上的。是我自己過度意識、過度在意他人的眼光，才把自己榨得像魚乾一樣。

電影《驚奇隊長 Captain Marvel》裡面有個場景是，女主角的導師說，女主角必須打贏自己，才會獲得他的肯定，結果女主角用超能力把他捲走後說：「我不需要向你證明什麼。」

不需要向任何人證明什麼。這就是我們需要的那份自信。

記得剛滿三十歲時，有人問起我：「您是做什麼的呢？」我可能還會緊張得支支吾吾，但現在，我能在內心對自己肯定地回答：「我就是我，不是文案企劃、品牌企劃還是什麼，我就是我！」

試著不忍耐的練習

有人說執著於「他人的肯定」，其實是人的一種「奴性」。奴隸以為為主人犧牲奉獻就是自己的本分，這就是在指責自我價值低落的人。我之所以要說出這麼極端的比喻，就是因為我到現在也還沒從「認同之爭」中獲得真正的自由。在人生中，這些對象總是會一直轉移。

從父母、先生，甚至到孩子，就像五線譜上的反覆記號一樣，我不自覺地反覆渴望「拜託你肯定我」。所以我偶爾會躺在床上冥想，試圖清空這些慾望，用手機播放一分鐘的指導語：「全身放輕鬆，放輕鬆，妳的身體進入到深層的放鬆狀態，將妳的身體和思緒全都專注在這個當下，現在，把意識放在妳的腳趾上……」只要跟著做，不知不覺醒來就發現已經是隔天早上了。嗯，應該是因為清空混亂的想法之後，睡意就自然來臨了吧？

只是發了篇文聊聊
「我老公被女主管稱讚很性感」

簡單來說，這個經驗就像我變成了一條魚，一條躺在砧板上，身上的肉已經全都被剔光、只剩下骨頭的一條魚。

而這一切，都是從我發布的一篇文章開始的。

故事是這樣的，某天我先生和他的客戶約吃晚餐，甲方公司的女部長在餐席間對著我先生說：「你真的很性感。」然後意味深長地看著他。回到家後，我先生開心地說：「老婆，看來我還是很有魅力的吧？」我聽完他的說明後，寫了一篇文章指責女部長措辭不當，當時剛好是 #Me Too 運動相當盛行的時候，而我發的文章有兩個重點，第一，「性騷擾的言語」一不小心可能會變成侮辱，而男性在這方面（跟女生相比）相對遲鈍。第二，男性也可能是性騷擾的被害者。

不過，一切就發生在我痛快地按下發送鍵之後。短短兩小時就累積了兩百則留言，誇張的是，夾雜不少髒話。

　　「稱讚別人很性感有什麼問題嗎？（符合社群規範的溫和版本）」、「因為妳長得太醜所以嫉妒別人吧？（突然來個人身攻擊）」、「妳洋洋灑灑寫這篇，是在賣弄妳的口才嗎？（我應該當作是稱讚嗎？）」、「妳這個女權主義者（最常見的攻擊）」等諸如此類的評論。

　　過了好幾天，還是有許多網友來留言洗版，讓我開始害怕這世界的目光，甚至猶豫是不是該刪文了，沒想到這時候，我的一個名人朋友反而有不同的見解：「恭喜！妳現在是大紅人了。欲戴王冠，必承其重！」

　　有酸民來留言總比都沒人理好。在朋友的鼓勵（？）之下，我的想法有了一百八十度的轉變。當網路上那些酸言酸語瘋狂湧入，我卻產生了想賭一把的念頭。在這種情況下，正常人都會被逼瘋，但這一次，我想要鍛鍊自己看看，不想讓自己輕易崩潰。就算全身都被扒個精光，像被啃光的玉米一樣赤裸，我還是要站得直挺，若無惹事地說聲：「沒關係。」就是這種精神，這就是我面對酸民的精神勝利法。

「性」和「女權」是酸民熱愛的關鍵字

　　我明白了這個矛盾的事實，酸民的憤怒指數越高，點閱數也會

急速上升。我個人的寫作平台拜酸民所賜，短短三天內，訂閱數從五人上看七百人。這不就是一次成功的市場操作嗎？我現在明白為什麼政治人物那麼喜歡飆髒話，不就是因為他們非常清楚 ROI 投資報酬率 Return On Investment 嗎？一百個讚比不上一個幹，一句髒話能更輕鬆又快速抓住群眾的注意力（性、女性主義、性別刻板印象，都是超容易引戰又方便炒作知名度的話題）。

在被洗版的第七天，我甚至開始覺得容光煥發。原本「挫咧等」的我，開始懂得享受這份恐懼感，臉上的氣色也越來越好。

「哇！3 天就增加了 695 個訂閱耶！」只要轉移焦點，世界就瞬間美好了起來。至少在這個瞬間，我不再羨慕那些暢銷作家。

原來被關注是會上癮的

我發現我每天都會去看那些留言。

「不是啊？今天怎麼只有幾十個留言而已？」這些人竟然變成我每天的開心果，而且我發現一個新的趨勢，就是這些酸民其實也「很想被關注」。

舉例來說，有個帳號是「jhjr」的酸民留了好幾次言，完全是在刷存在感。「女性主義者腦袋統統都裝大便」，一個小時後又留言：「哇！妳真的不刪文嗎？還留著這種可笑的文章。」然後隔天又繼續，還要朋友一起來：「勸妳趕快刪文，想被揍嗎？」

這時候，絕對不能因為害怕就馬上刪文。我比任何人都更清楚「鍵盤手」的寶貴。他們留更多言、更憤怒、更持續關注我，我就更不能乖乖順他們的意。絕對要保持已讀不回，我內心的真正想法是「就怕你們不來！」，他們的怒火越旺、我的人氣越高。

面對酸民，我的精神勝利法

我正默默準備組一個我的粉絲社團！非常簡單。只要用手機偷偷把留言截圖保存。來看看我的鐵粉們是誰，「有 XO、米雅米、OHOH、地球征服者……」我一一點進他們的個人頁面，再點開他們的「大頭照」和「關於」。「說『女的都給我滾開』的人原來有一個可愛的女朋友啊！」我的發現是，留言內容越是激動的人，往往生活越是平凡到讓人失望。最後，我仔細地把他們的帳號、簡歷、以及留言內容都整理在一個 excel 檔案裡，準備邀請他們進入我的後援會。

不必太心急，等時機成熟，真正的反撲才有力量。等他自己都忘記留過言的好幾年後，我再平靜地邀請他。「米雅米，謝謝你在三年前跟我說過『去死吧！』，我還活得好好的，要不要出來見個面呢？」

我必須強調，我一點都沒有生他們的氣。他們就算沒看懂文章的脈絡，至少忍受看完整篇文章的痛苦，而且還挑了文章開頭的幾個關鍵字，拼湊起來之後，認真跟我戰起「性別」來。我真的敗給

他們了，打架也要級數差不多才打得起來啊。他們的**邏輯能力**大概只是羽量級吧，只是在空中揮幾拳的小混混，我要怎麼用正規的技術戰下去呢？

為了省下寶貴的力氣，我想到了「精神勝利法」，畢竟喜歡針對性別議題開砲的酸民，最拿手的就是把大家都想得到的問題，全都貼上「#是女性過度敏感」或是「#對男性開地圖砲」的標籤，然後砲火一致地謾罵。其實如果他們沒這麼做，我不會猜測他們也是自我價值低落的一群，而且更重要的是，如果真的要爭論是非，根本不需要使用那些極端的言詞。

我在發文後的第十天，決定把那篇文下架。因為大家反應實在太熱烈了，我還想過要不要把男女角色對調後重新上傳一次。不過考量到那並非實際狀況，加上我不希望我個人的空間變成「酸民的朝聖地」。所以，我所能做的就是除了下架文章以外，什麼都不做。而隨著文章的下架，那些人也一起消失了。

魯迅《阿 Q 正傳》的主角阿 Q，不僅對世界的變化相當遲鈍，也是個勢利眼、欺善怕惡的典型人物。不管發生什麼事，阿 Q 都能讓自己不吃虧。作者提供了一個觀點是：當我們生活中遇到像阿 Q 一樣的人，不要用邏輯來和他爭論，用阿 Q 的思考方式來應對就可以了，我也從這裡學到了面對酸民的精神勝利法。

那些躲在電腦螢幕後面的鍵盤高手，其實常常沒意識到自己到底說了什麼、那句話又有多沒禮貌，而且大多數內容都只是在模糊焦點罷了。因此，應對他們的最佳方法就是，用跟他們差不多的水準對待他們，絕對不要浪費時間生氣，就當作自己正在看一齣很鬧的戲，拉個板凳、接著拿出一包蝦味先之類的，搞不好你會邊看邊捧腹大笑，甚至還能消除一些壓力，學到一些輕鬆罵人又不帶髒字的方法。

試著不忍耐的練習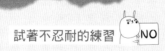

我有些話很想對那些攻擊我的酸民說，就算只有一次也好，希望你們能深入思考「女性主義者」這個詞。「女性主義」是一種跳脫男女典型框架、尊重每個個體的思想。因此，「那男的怎麼這麼弱？」這句話同樣是不符合女性主義的立場的。女性主義者不是在製造性別對立，而是希望無論性別，每個人都能發揮自己獨有的特質。所以，請不要汙名化這個詞，好嗎？

女人大方談性就是不自愛？

　　我有陣子相當沉迷於戀愛小說，G 作家在那時就像彗星一樣進入我的生活中。那陣子許多給女孩的戀愛建議不外乎「男生喜歡文靜的女生」，然而 G 說的是「女生起身的時候，要露出胸部，讓身體呈 S 型再慢慢站起來」這才是吸引男生的祕訣。

　　當時她是某個戀愛節目的主持人，「嗯，對女生而言，她就是那道光。」我心想：哇！終於也要出現韓國版莎曼珊了嗎？

　　我開始好奇 G 的私生活，「她的感情狀態究竟如何呢？」剛好聽說有本雜誌報導了她的感情史，我立刻買回來看，帶著緊張又期待的心情開始讀她的各種故事……但看了那些故事之後，我失望了，我期待的是更直接的內容。我的意思是，我期待的不是配合男性視角，而是以女性視角寫出的「性」。不過，看來看去那些文章只是標題吸引人，其中戀愛觀也大同小異，例如「男生都被我迷

住了，不過我絕對不會跟他們上床，而是讓他們一直想起我。」
（當然 G 作家不是這樣講，這是我的解讀）搞什麼？怎麼變得這麼保守？

我懷念那個讓我流淚的莎曼珊，就是《慾望城市 Sex and the City》裡滔滔不絕的那位莎曼珊 Samantha。其實真正算起來，「凱莉 Carrie」才是女主角，不過不知怎麼的，我蠻討厭她的。凱莉雖然是性愛專欄作家，靈感總是源源不絕，但我覺得她的性愛故事很有限。為什麼？因為她仍然保持著女人溫柔婉約的形象，永遠都要美美的。所以，大膽的言詞和穿著全都由莎曼珊一角負責。坦率說出「我想跟他睡」，或是拍出裸體躺在床上的照片，甚至連有關私密處除毛的過程都是莎曼珊擔當，然後凱莉再拿那些故事寫在自己的專欄裡，還在開頭批評說：「莎曼珊對性愛實在太瘋狂了……」

週日夜，來聊聊性吧

我不知道「瘋狂」的定義是什麼。但是如果我媽媽聽到以「瘋狂」聞名的戀愛達人給的建議，應該也會避諱，認為「女人就應該在性方面有所矜持」。上一輩已經畫地自限，覺得關於性的事情就該點到為止，以免被認為不知羞恥，女生也不應該主動分享太多這方面的內容。

然而，我在結婚生子後，發現大家不敢明說的、接吻下一步的「房事」，其實根本沒什麼。講白一點就是男女的性器官結合的過

程，有靈性一點的說法是：在那過程中能感受到雙方最極致的愛；假掰一點是：從接吻到上床，就是匠人流下一滴滴汗水不斷推進的過程；煽情一點是：把「他脫了衣服」說成「他粗暴地解開一顆顆鈕子」，把「親吻那女人」說成「他邊撫摸女人柔軟的髮絲，一邊溫柔地吻上她的唇瓣」，加入大把大把情感來說明。當然，我不是什麼大文豪，只能舉出這樣的例子。

不過，當我談到這個科學又神聖的行為時，卻會被當成怪人。尤其如果太直接跟女生聊，就會被投以奇怪的眼神，認為我「不自愛」，甚至是「太開放」。我想起自己小學時接受過的荒唐性教育。當時所有的男生都在外面玩，只有女生留在教室看錄影帶。而且還是看一些非常詭異的性愛畫面，看完影片後，負責健康教育的老師說：「妳們如果不想發生這種事，就要注意自己的行為舉止（聽你在放屁？）」

當我變成已婚的歐巴桑之後，談論性方面的問題時，偶爾也會被行注目禮。例如公司有一個妹妹說，想跟男友做愛卻不想有小孩，我回她說：「就叫他戴套啊！」結果她尷尬地回我：「什麼啦！妳怎麼這麼直接，好害羞……」（那妳幹嘛問我？）如果我是在男生面前講，絕對會被當成不檢點的女人吧？

平心而論，在我們的社會中，性的主導權傾向掌握在男性手中。我有位朋友的朋友「A 片資歷」超過十年，他曾經說過：「我分析各國的 A 片，發現韓國明顯落後。先進國家的 A 片劇情

中，性愛體位有非常多種，劇情的發展也不一定是由男性主導，但韓國的 A 片劇情一定是男生主導情節發展的。通常都是一個住在單人雅房的女生躺在床上，突然有男生衝進來，做出犯罪和變態的行為，女生卻表現得非常開心。所以如果男性從小到大都沒有接受正確的性教育，只看過 A 片，就可能會誤以為這樣是正常的、以為可以把女性當成玩具任意玩弄。」

可能有人認為他的言論太誇張，但現實狀況的確如此。在韓國並沒有清楚教導性別平等，也有不少人對遭受性侵害的女性說出過分的言論（「妳不要勾引人家就沒事了啊」或「妳穿成那樣，要怪誰」）。甚至還有男同事會在廁所偷拍女同事。顯然，韓國社會的性意識是以男性為主的，色情片製作人、編劇是男性，演員是粗獷的男性和有如芭比娃娃般的女性，持續拍攝各種踐踏女性的故事，而且在「OK！CUT！」之後就毫不遲疑的上傳到網路。

我推薦有訂閱 Netflix 的人，一定要看一部電影叫《這個男人很難搞 Je ne suis pas un homme facile》。電影中，女性穿著相當紳士的西裝，男性則打扮得花枝招展，努力吸引女生的注意。這部片並沒有直白地告誡「男人要好好反省！」或是「女生要勇於談性！」而是改變性別設定，讓男性扮演女性的角色、女性扮演男性的角色。其中我覺得最經典的台詞是，男主角在房間裡看見光著上半身的女主角愛莉珊卓時，他說：「妳脫光衣服後一點都不低俗，非常有魅力。」

關於性，我想不應該去框架男人在床上該做什麼、而女人又該表現出什麼樣子，更不是要男人表現得更具侵略性、女人則要更小心謹慎。性的範疇非常廣大，應該要涵蓋多元的主題，以及考慮TPO（時間、地點和場所 time, place, occasion）。例如，與韓國隔著太平洋的彼岸——加拿大，有個電視節目《Sunday Night Sex Show》做到了。

這個節目的主持人是一位名叫蘇強生 Sue Johanson 的律師奶奶（依據臉上的皺紋數量目測應該超過七十歲）。節目的觀眾可以即時和奶奶一對一進行「性諮商」。當觀眾在電話那端詢問：「怎麼做才能順利插進去呢？」她會實際拿起玩偶示範：「一般的體位是這樣。」當有人問：「請問要怎麼自慰呢？」她也會拿著假陽具親切為大家說明。雖然奶奶的直白總令我大吃一驚，但絕對不會過分或低俗，因為這個節目的宗旨就是「讓大眾擁有正確的性知識和行為」。一點也不夢幻的新婚夫妻、有性功能障礙的老夫老妻、想自慰的男生等，各種大家的性好奇都能在這個節目中被接納，一點都不需要扭捏，性可以堂堂正正。

能像這樣更坦白、平等又稀鬆平常地談論性，該有多好？

「女生在關鍵時刻絕對不能主動談到床上的事情」，還有「女生就是矜持、要潔身自愛」，這些說法都是以男性為主體思考的言論。不需要對談性感到羞恥，性也不是男性權力的展現。像現在這樣遮遮掩掩、扭扭捏捏的，反而會讓人對性產生各種奇怪的偏

見，或是用淺薄的知識判斷彼此。所以，我希望能夠更光明正大地說出來，就像高喊「Sex, sex, more sex」的莎曼珊或律師奶奶 Sue Johanson。

試著不忍耐的練習 NO

　　如果你對於坦率談性有興趣，推薦您一個 Youtube 頻道《母子的性煩惱諮商室（엄마와 아들의 성고민 상담소）》。這個頻道是由性教育專家孫京伊和兒子一起經營的。他們的別稱是「來自五十一世紀的母子」，就像頻道的名稱所說，這對母子用很前衛的方式解答網友的疑問。

　　「我發現我媽會看 A 片，怎麼辦？」「女朋友抱我的時後，我會一直勃起，很困擾。」他們面對這些問題都不會慌張，而是能泰然自若地回答觀眾：「媽媽也是大人啊！」「勃起是生理的自然反應。」這樣的回答太帥了！孫京伊因為婆家和先生都是大男人主義，所以希望至少能栽培出有感情豐沛又坦率的兒子，看來她成功了。而我看著在旁邊玩著「淘氣小企鵝」的兒子，心想：「兒子啊！某天媽媽也能坦率地跟你講這些嗎？」

Part 2

不再執著成為
完美的媽媽

懷孕的人是我耶，
你們是在哈囉？

　　妳應該也很清楚，在驗孕棒上的兩條線乾掉之前，就會聽到來自四面八方各種給孕婦的建議，如連環爆炸般持續轟炸……

　　以生物學的角度來說，懷孕是一個生命誕生的神祕過程，但以社會學的角度來說，是一個讓別人可以正大光明七嘴八舌給你建議的契機。怎麼會這樣呢？因為他們很清楚孕婦為了孩子什麼都做得出來，而且他們會利用那種心理為所欲為。

「建議妳最好是自然產」

　　懷孕還不滿一個月的時候，我已經上了一堂「生產方式」的課程。講師是婦產科的門診醫生，他口沫橫飛地說：「我非常不建議剖腹產，最好是能夠自然產。媽媽用盡全力生產的過程，對孩子比

較好。」聽完之後，我的心情變得很複雜。這句話的意思是「選擇剖腹產就表示產婦沒有用盡全力」嗎？

不過，我一點都不想自然產。我見識到我姐姐因為自然產，全身極度用力到眼球微血管破裂、簡直像血輪眼的樣子，我真的被嚇到了。我不想讓那種恐怖的痛苦變成我的義務。

但是先生和我爸媽都認為我這種態度是一大問題。先生還特地 LINE 給我一篇報導〈剖腹產產婦罹患乳癌的機率是自然產的 2.8 倍〉，再附上一長串的連結，爸媽則是拿出周邊朋友的統計數據證明有那～麼多女性都是自然產。

最後，我決定跟即將步入禮堂的好友 P 訴苦，告訴她這些要求有多不合理，P 聽完後並不是點頭附和我，而是用很做作的表情頂嘴說：「不然我之後如果懷孕就選水中分娩好了。」

「妳快要生了吧？真羨慕妳可以放假」

過了幾個月之後，周圍的建議如雪片般飛來。在我座位隔壁的男科長說：「妳五個月後就要生了吧？真羨慕妳可以放假。」

一開始我還懷疑是我聽錯，在他說的話迴盪在我腦中兩次之後，另一個人接著說：「對啊，真羨慕妳！我還是菜鳥的時候，要請產假還得看主管臉色。現在的產婦真是過得越來越好。（不好意思，您當時還不到我這個職位吧！連世宗大王都建議女生請產假，為什麼到了二十一世紀請產假還要看臉色？）」

於是，我為了證明「孕婦不會擺爛！」就更努力工作，沒想到變成了惡性循環。隨著我的肚子一天天隆起，身邊的人甚至會指責：「孕婦也穿得太好看了吧？」（拜託，孕婦穿著得體是有礙到你嗎？）我不想聽到別人講我「懷孕之後工作態度就變差」所以眼睛更燃起熊熊鬥志，努力工作。

就在我為了「證明」我的存在而努力工作的時候，卻反而被主管擺了一道。假裝好意關心我的企劃協理，表面上問：「營養夠不夠充足？最近黑眼圈好像變深了？」其實想要偷偷把自己沒做完的案子推給我。「這次的企劃就拜託妳了。聽說媽媽要常動腦，孩子才會聰明。妳也知道公司最近很強調工作效率吧？不能因為懷孕就偷懶喔！」我的老天鵝～聽完只想一腳把那傢伙踹到天邊去（如果我還能踢得那麼高的話）。

「妳竟敢讓我的金孫吃到那種東西？」

隨著預產期逼近，我的肚子也越來越大，連呼吸都覺得很困難，走路的時候，浮腫的大腿讓我步履蹣跚，每走一步路就感受到肚裡的小孩用力踢我的下面（沒錯，就是你想的那裡），我被踢得好痛。這個狀態讓我想起吃下幾百個漢堡、親身體驗肥胖的《麥胖報告 Super Size Me》主角，只差我體內的是一個寶寶，他體內是一團脂肪。

我的公婆說：「媽媽的胎教會影響孩子的未來。」所以隨時傳

來各種關於優質飲食和古典音樂的訊息給我。一開始是很感謝，但某天我去公婆家時，只是隨口說了一句：「我偶爾會喝杯咖啡。」就換來他們驚恐的表情（好像是在說：「妳竟敢讓我的金孫吃到那種東西？」）。

此外，我還參加過一次婦幼展。明明只去過一次，卻像被偷偷起底了一樣，一直收到他們各種學習單，還有補教單位打來的無數通電話。他們的話術都差不多：「聰明的孩子是媽媽的努力造就的。這套教材只需要韓幣一百萬，裡面收錄法國知名畫家的圖畫……」聽了之後難免有點動心。但他們最終目的就是「來，趕快把錢掏出來」。

而這套邏輯同樣也適用於月子中心。

當月子中心的人問我：「住一樓是韓幣兩百五十萬、二樓是三百萬、三樓是四百五十萬元。您要選幾樓呢？」我感覺他們眼裡彷彿只看到錢。你們的如意算盤就是讓孩子從出生起就開始分級嗎？我呸！

到了生產那一刻更上演「灑狗血劇情」

終於來到生產的那一天。

當時我正跟家人一起吃飯，吃到一半，羊水就破了，大家慌慌張張地送我去醫院。沒想到肚子比想像中還要痛。一開始就像有人輕輕叩門那種程度的疼痛，後來越敲越用力，痛到我很想拔光先生

頭髮的程度。

「拜託……趕快幫我麻醉。」護理師卻說：「子宮頸還不夠開，再忍耐一下。」但我已經快要痛死了。

「拜託直接幫我打針。」沒想到麻醉之後更痛。後來我決定改成剖腹產，這時護理師又勸了我好幾次。

「媽媽，拜託妳再出點力。」都到這個時候了，我已經再也忍不下去了。

. . . .

「不要再說什麼媽媽不媽媽的。拜託你們趕快開刀。現在！立刻！馬上！」

在相當煎熬的二十個鐘頭過後，終於把孩子生下來了。所有難捱的經歷，我都記得一清二楚，連時間都知道。在手術結束、麻醉退了之後，睜開眼睛看到的是我的家人們：「妳是媽媽了！」然後把孩子抱給我看。我當下其實沒什麼真實感：「這個皺巴巴的傢伙是我的孩子沒錯嗎？而且，等一下，這種時候通常不是應該先問我感覺怎麼樣嗎？」

傲慢又無禮的路人甲乙，滾吧！

有位名叫卡洛琳 Mademoiselle Caroline 的法國作家，曾經寫過一

本書名叫《懷孕沒有你想像的那麼簡單》*。某次她在訪談中提到：「許多書籍在提到生產時都如出一轍的說，那是『魔法般的瞬間』，寫得好像是一件大家都很開心的事。不過我害喜得很嚴重，全身無力，躺在床上時根本動彈不得，對我來說那是一個非常恐怖的經歷。生產雖然是很珍貴的時刻沒錯，但全程非常混亂。我無法說那是一個開心的歷程。」

我聽完後有股衝動想知道這位素昧平生的外國作家的聯絡方式，說不定可以跟她聊上好幾個小時。（Call me！）

說實在的，面對懷孕，從一開始的不知所措：「我真的懷孕了嗎？」後來接連遇到各種令人不爽的事情，發現這個世界上怎麼什麼人都有啊？護理師一直要手腕痠痛的產婦抱小孩、婆婆為了要省奶粉錢不斷勸媽媽要餵母奶、長輩在孩子的周歲慶生會上突然指定生第二胎的日期。他們在我懷孕、生產每個重要瞬間都讓我全身無力、疲憊不堪。

我已經受夠他們假裝很明白你的痛苦，實際上卻是傲慢又無禮的態度。就算他們看到孩子誕生時非常喜悅，就算你說他們是以不同方式的愛來對待我，但對我來說，那些建議百分之百是在美化他們缺乏的同理心，甚至根本沒有努力想要理解「我」。許多人的邏輯都是：「因為你是產婦／媽媽，所以妳要這樣、不要那樣......」

---

* 譯注：書名暫譯，目前臺灣尚無出版此作者的作品。

卻很少人問：「妳現在心情怎麼樣？」

所以我很希望未來也會經歷懷孕和生產的「媽媽們」，能夠更主動且直率地面對這些「讓人不舒服的七嘴八舌」。不要跟我講英國凱特王妃 Kate Middleton 在生產後五個小時，就能以全妝配上高跟鞋的完美模樣面對記者。我想看到更多平凡卻能勇敢表達「你們這些人都給我滾出去！」的人。

當你委屈附和了對方給的建議，就像是給了對方「下指令」的權力，對方還會繼續咄咄逼人說出一堆根據，讓自己更站得住腳。如果你正受到各種「妳應該」之苦，請用妳僅剩的力量呼喊：「懷孕的人是我耶，你們給我搞清楚！」

試著不忍耐的練習

我以前是不留情面的那種人，尤其有些朋友 25、26 歲就結婚，產後身材有點發福，我還會酸他們：「欸，生過小孩以後就都不在意身材囉？」然後穿著緊身洋裝繼續問她們：「好看嗎？」真的超級白目。除此之外，我還說了很多沒禮貌的話，不經大腦地說出對於嬰兒性別和懷孕生產的建議。

而輪到我經歷同樣的狀況時，我開始能理解他們的心情，並且對於過去缺乏同理心的言行認真反省，我想對她們說：「我的好朋友們，對不起！以前我實在太不懂事了。以後我會更瞭解妳們的難處，請不要拋下我！之後也偶爾見面一下吧！」

月子中心裡的擠奶競賽

　　有些話題是只有媽媽才會聊的，「月子中心」就是其中一個。雖然我沒有把握這個主題能像討論日本的「男湯或女湯」那樣吸引大眾的好奇心，但至少這是我的「真實」觀察報導。

　　身為兩個孩子的媽，我待過兩次月子中心，扣除去超市和醫院的兩天，我幾乎超過一個月的時間都待在月子中心裡，「什麼該看的都看了」，而且更重要的是，我完全沒有「假裝自己很好相處」。我有自信這是百分之百原汁原味的記錄。所以，如果你看完以下這段會尷尬就是你的事了。

　　今天我不是要談「哪家月子中心好」，那種資訊只要進入各家的官方網站或媽媽社團慢慢爬文就可以知道。我更想以一個產後身心俱疲的媽媽視角來談談「月子中心是對媽媽們多麼不友善的地方」，從月子中心裡的稱呼、照護，還有超出產婦能力範圍的義務

要求，全部都是。

　　為了避免誤會，我先說清楚，這不是在抱怨月子中心裡的護理師或任何人，我有好好休息到，不過，雖然有休息到，但真的很不爽。因為人是會思考、有感覺的動物。

這裡究竟是月子中心還是牧場

　　「哇！您的胸部很棒喔！」

　　這是我在月子中心聽到的第一句話。當時我剛出院、轉入月子中心，全身無力地躺在床上，月子中心的護理師說要先瞭解我的狀況，然後就看著我的胸部說出了這句話，我翻譯一下就是：「妳胸部很大，很方便嬰兒吸奶。」當然這是好事一件沒錯，的確有聽說過有些媽媽擠不太出奶，或是嬰兒吸不到，所以能讓嬰兒吸到初乳是很幸福的。不過，聽到其他女性這樣誇讚自己的身體，有股難以言喻的感覺。同樣都是女性，我應該要很坦然地寬衣解帶，但我沒有辦法習慣聽到她們直接評論我的胸部好不好，而不是關心我的健康。

　　沒錯，我們都是動物沒錯。不過我是第一次為了「單一目標」成為這麼本能的動物，甚至因為「胸部很棒」，日後就變成了大家口中的「母乳女王」。因為我的奶水就像泉水一樣源源不

絕。

　　我再重申一次，此篇是以每兩個小時就要擠一次奶，話題只圍繞在母乳的月子中心的觀察報導。那麼，請繼續看下去。

　　同樣穿著粉紅制服的產婦們在哺集乳室相遇時，都會面不改色地脫下上衣開始擠乳。「我擠了三十毫升！哇！妳擠了一百毫升耶！」每天重複著這樣的對話。而護理師也會鼓勵我們：「哇！今天 301 號的媽媽很棒耶！306 號的媽媽要再努力一下喔！」有時這些微妙的刻度競爭也會惹哭媽媽。天底下怎麼會有這種事？

　　月子中心會把「因人而異的事」塑造成「憑努力就可以做到的事」，我說的是「擠母奶」。例如 306 號產婦的婆婆每天都很固定到月子中心報到，一開始我以為她特別呵護媳婦，但瞭解內幕後，我大吃一驚。原來婆婆每天都是來監視媳婦擠了多少奶。

　　每每在會客室都會聽到她婆婆問起「今天寶寶喝了多少啊？」這時，我的心頭好像被什麼東西壓得喘不過氣一樣。坦白說，每天在這裡睡也睡不好，還要定時被叫去哺集乳室努力擠奶，真的很辛苦。某天還聽到她婆婆斬釘截鐵地說：「妳應該要省點奶粉錢。妳擠不出奶來是因為妳不夠盡力。」

　　同樣是女人啊，怎麼可以跟產婦提出這種要求呢？

　　我們每天都在這種煎熬中喝著海帶湯。剛開始我以為是要幫助我們恢復體力才喝得很勤，後來才知道目的只是要增加我們的母乳量，我索性就不喝了。但是母乳也沒有因此大幅減少，倒是胸部持

續脹痛。

某天，306 號和 310 號的媽媽來我房間找我。說她們兩個擠不太出母奶，拜託我可不可以賣點母奶給她們，讓她們餵寶寶喝。我驚訝到說不出話來，她們還親切地介紹她們常逛的媽媽社群網站給我，網站上有代購母奶的公告，她們保證絕對會給我很好的價錢，拚命說服我。我看著她們，感覺擠奶也會醉，我好像走進了一個奇怪的世界。

我還是沒有答應賣母奶給她們。

隔壁房的媽媽聽到護理師說「母乳是一切的萬靈丹」，就開始製作母乳肥皂。「妳應該要分給親朋好友啊！」聽著那爽朗的笑聲，我開始反省為什麼自己沒辦法那麼開心。

也許是因為想太多了，之後待在月子中心的日子越來越不舒服。每兩個小時就要被叫起來，白天累到快睡著還是會被吵醒。她們說：「要常常抱孩子，孩子才認得出媽媽。」結果就是我的腕關節已經痠痛到不行，還是被叫去抱小孩。與其說討厭她們，不如說討厭聽到那種話之後依然照單全收的自己。在月子中心的時光就是在餵奶、擠奶之間無限反覆，每個媽媽都有了熊貓眼。

女兒啊，如果有一天妳也當媽媽了

其實關於「在月子中心的觀察」，我只有和朋友提過，這樣完整寫下來還是第一次。我只是認為一定要留下些記錄──被當成

「擠母奶的機器」般被監視、被銬上名為「媽媽」的鎖鏈，在月子中心的種種待遇，無論如何我想深深地記在心中。此外，我也想跟我的好友和未來的女兒說：

「在妳進入這個社會前，要先緊緊抓住妳的核心思想，即使在產後變調的世界裡，也能用妳自己的方式定義『媽媽』，因為這會大大影響妳往後的人生。」

原本我只是糊裡糊塗地一味忍耐，後來離開了月子中心那個奇怪的世界後，我才意識到自己並不想變成什麼「母乳女王」。現在的我已經快要記不得當時我胸部的豐功偉業，胸部甚至還有點下垂了，腕關節因為產後常常抱寶寶又施力不當而變成「媽媽手」。看著眼前兩個肉肉的孩子，偶爾會想起過去那段時光。如果那時我更懂得照顧自己、多愛惜自己就好了。

這種無法再回去的「如果」，沒有任何幫助，而這種沒有任何幫助的嘆息總會在某個時刻襲擊我，狠狠壓著我的胸口，所以，我想帶給「將會進入月子中心的妳」一點勇氣。

「『我』要先存在，媽媽這個角色才會存在。感覺不舒服的時候，請勇敢拒絕。」

試著不忍耐的練習　NO

　　我身邊有個媽媽沒有去月中（月子中心的簡稱），她是我的大學學姐，因為當初婆婆說要親自幫她坐月子，她就感激涕零，也就沒有預約任何一家月中。但是原本說好要幫忙的婆婆，卻對最後還是自己一天張羅三頓飯的她破口大罵：「妳要多動才會有母奶啊！」結果學姊的媽媽聽到這番話，一氣之下就趁婆婆外出的空檔，把婆婆的行李全部打包，用快遞送回婆家。

　　不管有沒有去月中，還是會常常發現大家都有著「對於母親的誤解」。為了避免被這種奇怪的邏輯混淆，要謹記一件事情：生活，是從有「我」開始的。

愛問問題的女人
容易離婚？

　　日本作家佐野洋子散文集《我不努力》[*]中有一篇標題為〈愛閱讀的女人的離婚機率〉的文章。裡面提到她身邊的兩個美女，一個非常愛看書，還能侃侃而談不同文學的特性。另一個則對書一點都不感興趣，頂多就是偶爾翻翻雜誌。前者離婚了，後者則度過甜蜜的婚姻生活。

　　當然這不是什麼精準的統計資料，但我再同意不過了。我周圍的男性總是說：「愛追根究柢的女人，讓人心很累。」然後再補一句：「她們以為自己懂很多，講話有夠刺耳，煩死了。」

　　來了，我們聽到這種話，必須先分辨話裡哪些是事實、哪些是

---

[*]　譯注：書名暫譯，該書目前尚無中譯本。

情緒語言。首先，男人說到有種女人「愛指責」，或許是事實，但其餘的都是情緒性的語句。「以為自己懂很多」、「講話有夠刺耳」都屬於主觀的見解。所以分析這段發言可以得知，那些男性要表達的不過就是「他們討厭被女人指責」。

我和我身邊的女人都不是美女，全都是普通女人，我們大部分都是愛看書，然後會把書上所學到的知識、哲學和態度等等內容跟現實狀況比較。這樣的背景造就出我們「愛問問題的本能」。同樣是照顧小孩，憑什麼男人來做就會被說很優秀、女人做就是妳應該？為什麼工作都丟給我做，升遷的卻是男人？以上種種問題純粹是我們出於常理而產生的好奇。

這些問題，簡單來說就是「性別議題」，說穿了只是一個人對另一個人提出疑問，卻會被視為「女性找男性麻煩」。而且，比起討論議題本身，大家更常關注在「被指責時的不滿情緒」。尤其男性聽到類似上述的種種質疑後，經常會連忙揮手說：「絕對沒有那種事。」但如果女性再持續追問，男性就會如出一轍地回答：「就說沒有了嘛！妳真的很強勢耶！」

這不是心虛，什麼才是心虛？

女性從過去到現在一直處於弱勢。從前被剝奪受教權和參政權的女性，經歷過好幾個世紀才爭取到「跟男性同等的權力」。儘管

已經獲得這些權力，女性依然飽受歧視。法國女性主義作家西蒙・波娃 Simone de Beauvoir 在著作《第二性》中提出：「女人不是天生命定的，而是後天塑造出來的。……女孩成為被動的、愛撒嬌的、具有母性的，但這並不是出於什麼神祕的女性本能，而是因為一開始就有他人涉入女童的成長，在她生命最初幾年就灌輸她必須承擔做女人的命運。[*]」

西蒙・波娃即使與法國哲學家沙特 Jean-Paul Sartre 簽下愛情合約而轟動一時，但她也同樣經歷到社會對女性的歧視。當時就讀巴黎索邦大學的波娃成為了傳奇，卻因為身為女性而必須將功勞歸給沙特，再加上當時出版的《第二性》引起許多爭議，輿論認為「這是嘲笑男性的書」、「這是一本危險的書」。許多人主張她私生活不檢點，所以極欲打壓她的思想，但她只是想表達：「男女應該持續努力建立對彼此的友愛。」

有時，合情合理的提問，卻會獲得令人傻眼的答案。韓國曾有某位女性公開表示捷運上有非常多男性會性騷擾女性，竟然有政治人物回應：「妳們就不要穿短裙啊！」讓人啼笑皆非。還有，如果仔細思考那些社會揀選過的「女性被拍攝的畫面」（趁女性網球選手呼吸急促時把鏡頭拉近到她的胸部，還有政府行政單位宣傳海報

---

[*]　此段譯文出自《第二性》，貓頭鷹出版，2013。

上露出燦笑的美麗女警），在在令人心寒。我想，要找出從未經歷性別歧視的女性，應該比在大都市裡找到恐龍化石還難吧？

男性害怕「會思考的女性」

德國作家斯提凡・博爾曼 Stefan Bollmann 有本著作《閱讀的女人危險 Frauen, die Lesen, sind gefaehrlich》，作者介紹十三到二十一世紀裡描繪或拍攝閱讀中的女人的圖片和照片，也談論閱讀的意義。「閱讀不光是獲得個人的自由空間，透過閱讀能獲得獨立的價值觀」。

書中還提到有男性認為閱讀本身就是危險的活動：「一位名叫卡爾・鮑爾的教育學家更在一七九一年寫道：『閱讀時身體缺乏任何活動，再加上想像力與感受力的劇烈起伏，容易導致精神渙散、黏液水腫、腸道脹氣和便秘。如同眾所周知，這勢必將對兩性（尤其是女性）的生殖器官造成影響。』」[*]

十八世紀的教育家竟然說出這種非常幼稚的話。不過，到了二十一世紀，男性只是狡猾地換湯不換藥，本質還是一樣。

現代男人會說：「愛看書的女人很麻煩耶！一直問問題，計較東計較西的。我一定要找機會挫挫那種人的銳氣！」

《閱讀的女人危險》最後也介紹了瑪麗蓮夢露 Marilyn Monroe，

---

[*] 譯注：摘錄自斯提凡・博爾曼《閱讀的女人危險》2006 年，左岸文化，第 25 頁。

她不單是性感的象徵，也是一個愛好閱讀的人。從她在《生活雜誌Life》的專訪可以發現，她是個很有想法的女性：

「我完全無法理解性感的象徵。而且不論是象徵什麼，那個象徵都可能是引發爭議的導火線。我討厭被物化。但如果非得要我成為什麼的象徵，我寧願變成性感的象徵。我知道有些女孩想要成為我，但不管她們是自己決定，還是受到他人影響的，我想，她們不會只是無名小模，但也無法成為超級天后，或許就只是，卡在中間。」*

題外話，我曾經看過一個專欄，標題好像是「男性幻想中的外遇瞬間」。其中第一名是，在男生最痛苦煎熬時，有一名陌生女子安慰他：「我都懂。」然後靜靜握著他的手。我完全無法理解。為什麼男性會想像自己握著不認識的女人的手？但我也很懷疑自己是否能成為那樣的女性。因為當我的伴侶難過時，我會選擇瞭解他難過的原因，然後積極想辦法解決。甚至，如果有需要，我有自信可以去找「折磨他的對象」，大聲向對方理論：「你對我的男人做了

---

* 譯注：原文為：「I never quite understood it, this sex symbol. I always thought symbols were those things you clash together! That's the trouble, a sex symbol becomes a thing. I just hate to be a thing. But if I'm going to be a symbol of something I'd rather have it sex than some other things they've got symbols of! These girls who try to be me, I guess the studios put them up to it, or they get the ideas themselves. But gee, they haven't got it. You can make a lot of gags about it like they haven't got the foreground or else they haven't the background. But I mean the middle, where you live.」——〈1962 August 3, LIFE, Volume 53, Number 5〉

什麼？」

　　不過，大部分的男生都不怎麼喜歡我這個積極的方法。現在在我旁邊睡覺的那位先生也是一樣，只要我追問細節或是指責他，他就會不開心。一開始假裝有在聽，但只要開始進入重點，他就會摀住耳朵說：「唉唷！不要再問了。」

　　佐野洋子的散文集中還寫到：「自古以來女人就是要漂亮又話少。」如果說愛看書的女人真的容易離婚，那這應該是我第一次覺得「離婚」聽起來沒有那麼嚴重。比起沮喪或失落，更像是「早就知道會這樣」的悲哀。我希望不要再有女生悲觀地想：「就算跟男生說，他們也無法理解。」不如，現在來認真統計「愛看書女子的離婚率」跟「摀起耳朵的男子的離婚率」是不是一樣高吧！

試著不忍耐的練習　　NO

　　我喜歡一個電視節目叫《水泡菜동치미》。這個節目會邀請結婚二十年以上的太太們，自在暢聊婚姻生活。「你問我重新來過的話，會不會跟現在的先生結婚嗎？笑死人了。哈哈哈！」她們總是赤裸而坦率。

　　如果我哪天成為大人物，有機會在《Life》等級的刊物受訪，我想要把瑪麗蓮夢露說過的話講得有趣一點：「男生就是不喜歡愛計較的女生啊！不過總是要說點什麼，世界才會改變，不是嗎？」

我不是「欸」，我是妳媳婦

　　某次過完中秋連假、開車北上回首爾的車程中，先生邊開車邊問我：「我覺得像現在這樣舒服簡單的生活就是幸福，妳覺得呢？」我聽到這句話的瞬間開始感到煩躁。

　　「舒服？只有你覺得舒服啊！老實說連假期間，你到底做了什麼？你只顧自己吃好、睡好，再開車回家，當然心情好啊！難道你都沒想過嗎？妻子平常為你賺錢賺到骨頭都快斷了，努力維持家裡的經濟，所以你才能這麼幸福。」

　　在半夜突然來個當頭棒喝，先生也被我嚇了一跳。他本來是想跟我聊天才起了個頭，半路卻殺出個只顧著講自己話的瘋婆子，結果他也被我激怒了。「欸，妳是不是有情緒控制障礙啊？我真是無話可說耶！妳為什麼要在這時候講這種話啊？」

　　嗯，如果要在這裡解釋一下，其實我不是因為太累才講那種話

的。其實婆家也沒什麼，就是一年去個三、四次，回去時除了洗碗之外，也不會煮什麼大菜。平常我和先生都要上班，所以家事本來就會互相幫忙，連洗衣服和打掃都是先生做得比較多。當然也是因為我賺比較多錢，講話比較大聲。不過我說那些話除了希望他能稍微理解我之外，還有個原因。當時真正讓我生氣的是，每次過節返鄉，婆婆叫我的時候都會說：「欸！去做這個！欸！過來一下！」她一直用「欸」這個稱呼，讓我聽了很刺耳。

還有一件事我一直耿耿於懷。

就是我生完老大住在月子中心的時候，某天娘家和婆家的人來月子中心看我，結束後大家一起去吃飯。我爸爸吃完飯後回來找我，面有難色地說：「親家母拜託我稱呼女婿的時候要說『小金』。他們好像不喜歡我直接叫他的名字。還有因為妳住月子中心，這段期間他都一個人在家，叫妳多準備一些小菜給他吃。」

我大概可以想像那個場景。我爸應該是期待婆婆聊些媳婦剛生產完的近況，還有剛出生的小生命，要不然就是聊些最近的生活。沒想到婆婆卻講出關於「小金」這個稱號以及「小金要吃的小菜」等等出乎意料的內容，我爸應該既尷尬又慌張，想到曾經連內褲都等爸爸燙好的寶貝女兒竟然遇到這種婆家，未來真是令人擔心。

從此以後，我爸爸都叫我先生「小金」了，但我每次聽到都會升起一股無名火。然後每次逢年過節輪流拜訪娘家和婆家時，我心

中的火就會燒到天上去。不過我也會偶爾對先生發飆：「為什麼每次在婆家我都被叫『欸』，只有你是『小金』？」「拜託！金先生，你可不可以請你家改一下對我的稱呼啊？」諸如此類的。這種時候我先生就以非常淡定的表情聽完我的抱怨，並且這樣回答我：「長輩用他們喜歡的方式稱呼就好，不要那麼敏感好不好？」

又來了。到底敏感的標準是什麼？

我上網搜尋「對媳婦的稱呼」。有人是這樣說的：「子女還小時會直呼名字，像『澈秀』這種，但當兒子長大結婚了，就會尊重孩子，不會在別人面前隨便稱呼他，這是我們的傳統。如果兒子婚後又有了孩子，就會用『某某某的爸爸』來稱呼，媳婦則會稱『孩子的媽』，有時也會配合狀況加上孫子的名字，適當地稱呼她『某某某的媽媽』。」

我也看到了跟我有類似遭遇的人匿名發問。

她說：「已經結婚兩年了，都已經幫孩子辦過出生 100 天的慶生趴了，但是婆婆一直叫我『喂』。請問大家的婆婆是怎麼稱呼妳們的呢？我很希望她可以叫我的名字。這樣的要求太過分了嗎？」我看了一下留言，大家的狀況如下：

「我的婆婆會叫我的名字，但有時候也會說『喂』──ID：喜歡松雨的人」

「我婆婆是叫我『某某某的媽』或是『欸』，可能因為他們年

紀都大了吧！我的公婆都超過 70 歲了，唉。──ID：無可奈何」

「我婆婆有時會叫我的名字，但也蠻常叫我『喂』的。人生在意這種事的話會在意不完的啦。──ID：人生算什麼」

許多人都吐露自己也有類似的困擾，但其中也有讓人看得很火大的：「我婆婆會叫我『小可愛』。可能因為我先生都叫我『寶貝』吧！我哪有可愛啊？哈哈哈。──ID：擁有幸福的人」

我本來不太留言的，但這時我突然覺得我好可憐，所以留了一段話：「我婆婆都叫我『欸』。我們同是天涯淪落人。──ID：gixxx」

瞭解一下才知道，被叫「欸」並不適當。而且看來有很多媳婦都跟我有一樣的困擾（我們都只能偷偷說）。所以我真的不懂為什麼先生說我「太敏感」。如果今天角色互換，我的先生在我家不是被稱呼「金先生」或「小金」而是「欸」，難道他可以接受嗎？連被直呼名字的時候都會感到不滿而跳出來說話，難道被更隨意的稱呼，他有自信不會生氣嗎？而且如果公婆聽到我先生總是被叫「欸」，難道可以眉頭都不皺一下？（我腦中瞬間浮現兩老拿著棍子追過來的畫面）

婆家就是高人一等？

我聽我姐姐說過：「妳不覺得很好笑嗎？稱呼婆家的『小叔』或『小姑』會用敬語來稱呼，但是娘家這邊卻是用平輩的『小舅子』、『小姨子』。哪有誰比誰大、誰比誰小。憑什麼小叔和小姑就要用敬語？韓國應該要從稱謂開始改變。要砍掉重練才對！」我看著憤怒的姐姐，開始好奇姐姐的婆家是怎麼稱呼她。但是我不敢問，我怕問了之後就得要說出我的狀況，老實說真的太丟臉了。再加上其實有點害怕，怕姐姐也是被叫「欸」。萬一我們兩姐妹變成「欸」和「喂」的賤民姐妹，就太悲哀了。

也許是因為像我這樣對稱謂很敏感的女性變多了，最近政府也開始有些動作。韓國女性家族部計畫要推動新的稱呼。把「小叔子」或「小姑」改成直接稱呼名字。另外，婆家的稱呼要從「媤宅」（시댁）改稱「媤家」（시가）才公平。當然，各方對於這些稱呼也爭論不休，贊成方主張：「為了達到兩性平等，這些措施是必須的。」反對方則主張：「本來就使用得好好的，為什麼要刻意製造混亂？」但我投「改變」一票，因為大家有所不知的是，這些稱謂其實潛移默化了我們的認知。

---

* 譯注：韓文的小叔（도련님）中的「님」為尊稱，小姑（아가씨）中的「씨」為尊稱；而小舅子（처남）、小姨子（처제）則無，下文的婆家（시댁）漢字為「媤宅」，娘家（처가）漢字為「妻家」，字面上「宅」有比「家」更高等的意涵。

不過，政府要修改的稱呼中並沒有提到要明確「媳婦」的稱呼，這讓我有點不高興。所以我想對韓國女性家族部大聲說出我的看法：「或許您認為媳婦理所當然會被稱呼名字，所以沒有納入在這次的修改中，但其實並非如此，我身邊有很多真實案例，希望政府能聽見我們的聲音，讓媳婦不要再被用『欸』或『喂』來稱呼了。」

就像先生所說的，我們是可以和平共處的。如果夫妻都能被平等地稱呼，那麼我就不會有情緒爆炸的時候了。為了不要讓媳婦們只能找不相干的小事出氣，也不要被沒什麼道理的言語傷害，全體社會需要有能將心比心的平等稱謂。

試著不忍耐的練習

寫下你平常對家庭成員的稱謂吧！

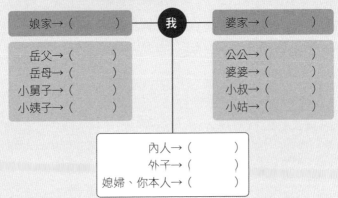

娘家→（　　　）　　　**我**　　　婆家→（　　　）

岳父→（　　　）
岳母→（　　　）
小舅子→（　　　）
小姨子→（　　　）

公公→（　　　）
婆婆→（　　　）
小叔→（　　　）
小姑→（　　　）

內人→（　　　）
外子→（　　　）
媳婦、你本人→（　　　）

遭婆婆施暴的妳
可以這樣做

　　在這個社會中，惡婆婆真不少。明明娶媳婦的時候一分錢都沒給，結果因為兒子外遇、媳婦要求離婚，婆婆竟然說：「把我們送妳的微波爐寄回來。」還有一個案例是，有錢的婆家出錢買了房子，每個月雖然給零用錢，卻對媳婦說：「記住這些都是我們家的錢。」然後每天按門鈴、追蹤媳婦的金錢流向。這些「令人無語的婆婆行徑」任誰聽到都會皺眉。

　　相較於明顯可見的暴力行為，更可怕的是「隱形暴力」。
　　其中最可怕的是在日常生活中持續加劇的「婆婆的言語暴力」。網路曾經瘋傳一篇〈為了取悅婆婆，我快被逼瘋了〉的文章，累積突破三千則留言，反映出現在「媳婦們」普遍面臨的狀況。我也不

例外，聽到婆婆說：「妳個子那麼矮，怎麼會椎間盤突出？」讓我實在太氣憤而寫下這篇，究竟該如何對付婆婆的言語暴力。

不要在第一次受暴時什麼都不做

我在追劇時漸漸明白了一些事。答案其實簡單到令人意外。

對媳婦們而言，我們的臉皮需要厚一點。惡婆婆不惜用泡菜甩妳巴掌時，妳要能抓住她的脖子。我不是聰明又深思熟慮的媳婦類型，比較接近會口無遮攔的「兩歲小孩」。當妳還在擔心傷害到婆婆、怕對婆婆不禮貌而猶豫時，惡婆婆就會先發制人，妳也只能事後在那邊捶牆。

放棄維持什麼好媳婦形象吧！請妳用力反覆催眠自己：「我就是個魯莽的傢伙、我就是個魯莽的傢伙。」光是戴上這麼強而有力的面具，就會感受到莫名的自由。

如果聽到婆婆說的話已經嚇到腦筋一片空白，不知道該怎麼回應時，最好的方法就是直接複述她說的話。例如當妳把做好的泡菜寄過去，打電話問婆婆有沒有收到時，卻聽到婆婆這樣回答：「喔！有啊！看起來還算能吃啦。」這時，不需要生氣、也不需要壓抑自己。盡可能大笑回答：「喔！看起來還能吃嗎？哇～真的很高興您這樣說耶！」像這樣，故意挖苦她，用看似很有禮貌的感謝打斷她的無禮。記住，一定要搶先截斷她要接著說的話，這同時也能避免妳心中留下傷口。

提問和沉默也是好的策略

另外一個方法是提問。

這比挖苦更厲害，可以在對方要讓妳難堪的時候使用。例如，某次婆婆生日時，我準備了太陽眼鏡。雖然沒有期待會被稱讚，但婆婆卻說：「唉唷～這是給誰的啊？怎麼這麼俗氣啊？」

這時就回她：「媽，這是要給妳的啊，媽應該就是喜歡這種的吧？」要正面回答那個問句，然後再用問句結尾。如果婆婆沒有再回應，表示起碼她還有羞恥心。不過，如果她還回答「有夠俗的！」這類的，就乾脆把禮物收回吧！表示她不懂得基本的「禮尚往來」，妳也順便把妳們的關係收在心裡吧！

而在某些狀況下，我會建議妳保持沉默。

在婆婆當著我的面攻擊我的家人時，這個方法非常有用。在如今育兒如戰作的時代中，聽說很多婆婆別說是幫忙了，還會講這種風涼話：「親家公一直說要來看孩子，看來是需要錢吧？」背後有滿滿的侮辱，即使是稍微補償一下媳婦的娘家都覺得可惜。

這種時候，請妳鼓起勇氣，靜靜凝視著她然後眨幾下眼睛，大概維持兩三秒就好，要讓她意識到「喔！我好像說錯話了！」然後，絕對不要理會她。不必為了她浪費唇舌。

有時候則要假裝同意她。

假如婆婆對在家顧小孩的媳婦說：「不要像米蟲一樣，只會花先生賺的辛苦錢，也出去賺一點錢吧！」或是當著妳跟待業的小姑面前說：「不用多，妳一個月給她一百萬韓幣的零用錢就好了」

　　面對這種要是認真回答就一定會起衝突的話，就給她用力同意下去。這時候的關鍵是，臉皮厚一點，沒頭沒腦地同意她的話：「對啊！我就是米蟲。」「小姑需要一百萬的零用錢，啊，剛好我也需要耶！」要不然就大笑帶過：「哈哈哈哈！」然後讓那個要求隨風而逝。

　　我喜愛的作家鄭文正，在他的著作《微笑面對無禮之人》中也有類似的故事。我讀完之後發現，撇開身分，婆媳問題不過就是跟「沒禮貌的人」相處時產生的問題。像是我也有兒子，未來我也會成為別人的婆婆。一般人只要進入「婆婆」這個階段，好像就會變得有點奇怪，所以我想要挑戰能不能打破這個循環，而且我希望未來可能成為婆婆的人都能一起挑戰，試著創造出不同的結局。我渴望達成改變，因為這才有活在這個世界上的價值。

　　我是如此夢想著：即使是現在被逼瘋的媳婦們，在未來也有能力成為「好婆婆」。

＊　譯注；采實文化，2018 年出版。

試著不忍耐的練習 NO

1) 如果平常會看電視劇，試著想像自己是劇中某個角色，在遇到言語暴力
的瞬間不妨借用他們的特質回應看看：
 ・如果妳是《華麗的對決》（又名：我是張寶利）中的延敏靜：用眼神
　殺人的烈女子
 ・如果妳是《天空之城》中的陳珍熙：有時會失控魯莽的笨蛋
 ・如果妳是《和你在一起 2：最佳的愛情》中的金淑：極盡尖酸刻薄之
　能事的瘋子

2) 你現在是當紅狗血八點檔的編劇。
請在以下情境中填入合適的「疑問句」。
婆婆：你爸媽沒教過你怎麼削水果嗎？
媳婦：（　　　　　　　　　　　　　　）

不再執著成為完美的媽媽

婚姻，不是算命的說了算

在我的婚姻中，曾經歷過一次逼近離婚邊緣的危機。

當時我和先生正為了要請誰照顧老大而爭論不休（他不想把孩子交給我娘家 vs. 我想暫時請我爸媽幫忙），其中還有婆婆來攪局（為什麼還要湊一腳呢？）所以起了很大的衝突。基於對父母的虧欠感、對先生的厭惡感，讓我幾乎已經決定要離婚了。我打算把小孩接回家、跟先生斷絕聯絡，甚至想到幾位可以幫忙打離婚官司的律師。

即使如此，我還是不斷思考著：真的有必要離婚嗎？離婚後要怎麼養孩子？孩子上幼稚園的時候，被問到「你爸咧」的時候怎麼辦？可笑的是，在這種天快塌下來的情況，我卻想求助「算命」。就像某本書名《雖然想死，還是想吃辣炒年糕》，我也想寫個〈雖然不幸，還是想去算個命〉。

因為那時，我突然對我的命運、未來以及人生的結局開始感到好奇。

　　韓國目前有超過 60 萬名算命師，塔羅、四柱八字*、靈媒、乩童、占星術等等，算命的方式簡直多到令人眼花撩亂。曾經把錢全都砸在算命的好友 C，給了我一個建議：

　　「塔羅比較適合幫助妳做短期的決定，但現在你面臨的問題比較重大，建議你找能看長遠結果的四柱八字。」

　　「這種情況下跑去算命，不是很可笑嗎？」

　　「蛤？妳不是已經下定決心要算命了嗎？我瞭解妳的心情，很想抓住一絲希望吧！」

　　他說的沒錯，於是我就開始瘋狂撒錢了。

　　根據調查顯示，會去算命的「原因」以「生活遇上危機」佔最大宗占比 31.1%。還有一個很有趣的進階調查，其中把「意識到人生出現危機」和「將收入用於算命的金額」兩者的關聯性，竟然會

---

* 四柱八字：四柱（사주）其實就是大家都聽過的四柱八字五行的統稱，根據詢問者的生日以及出生時間點為基礎，進行命運的推算。而韓國人最常用四柱去推算夫妻之間的契合程度，透過四柱與五行，查看兩人是否相生或相剋，並確認外宮、內宮是否皆合以推斷婚姻是否美滿，這個習俗在傳統社會中稱為宮合（궁합）。而在中國曆法中，十天干及十二地支為一循環，因此就是一甲子（60 年）。而四柱（年、月、日、時）以天干、地支對應，合成為八個字便是俗稱的「八字」，並用五行（金、水、木、火、土）理論，推算每個人不同的個性與命運。（資料來源：Creatrip〈韓國算命文化〉https://www.creatrip.com/blog/8638）

呈現一條明確往右上逐漸上升的曲線。

因為當我們面對危機時，絕對不會對任何建議感到「滿足」。我也是如此。我一開始光是給某某大師或某某菩薩韓幣五萬元的紅包都嫌貴，不知道從哪時起漸漸習慣了這種價碼，對這種自我催眠般的捐獻型費用越來越把持不住。一位算命師說：「離婚吧！這男人不適合你。」我開始憂鬱；另一位大師則告訴我：「不能離婚，但要放低身段。」聽了就煩，然後，再找下一間。

我就像候鳥一樣，來來去去找了好幾間算命的，從原本五萬元的紅包，增加到十萬、十五萬、二十萬，後來根本不知道自己到底撒了多少錢。儘管如此，心裡還是很悶，因為一直都沒聽到我想要的答案。

師父說需要先生的內褲

其實我想聽見算命師說：「先生會反省並回頭的。你只要放過他這一次，你們就可以重新開始。」雖然我表面上很堅持要離婚，但其實我很渴望能找回幸福，而且特別希望聽到先生跟我道歉。在這過程中，我找過幾個算命師，其中最吸引我的是 ARS 算命法，據說只要聽到妳的聲音就能知道八字。

某天，一位女師父打電話給我，電話另一端傳來非常非常可怕的話：「有鬼跟著你們夫妻倆。如果你們離婚了，兩個人的運氣都會更差。如果想擋住衰運，三天內一定要畫符咒。」然後她告訴我

她的地址和銀行帳戶：「明天把妳先生的內褲寄到這個地址。我會努力祈福，另外，匯韓幣五十萬元的祈福費，我會跟祖神祈求，一定阻擋任何意外發生。」

什麼？「內褲和祈福費」？

這讓我猶豫了。

好巧不巧就在我打包行李時，剛好裡面有一件先生的內褲。至於五十萬的祈福費，我不是沒有錢，當然手頭有點緊沒錯，但我本來就有努力上班賺錢，所以也不是付不出來。不過，與其說她的話讓我緊張，不如說有點好笑，因為聽起來簡直像電話詐騙。

如果聽到「可能是 A 也可能是 B」這種不確定的回答，反而會有點緊張，但是聽到的卻是「妳的人生會很慘，但是只要寄內褲和五十萬元就能解決」這種超簡單的答案？答案明確到讓人懷疑。奇怪的是，我之前那麼相信算命，現在卻開始遲疑、卻步。

在那通電話之後，我好一陣子都不再找算命師了。當然我沒有給那個女師父什麼內褲和祈福費。雖然鬱悶到很難熬，但我不再尋求外援，而是一再地反問自己，我把我問算命師的人生問題回過頭來問自己，發現「選擇」真的不容易。一次次的自我提問，辛辛苦苦推進，人生的車輪卻好像只前進零點一毫米。

就在我痛苦掙扎的時候，先生向我道歉了，所以後來我們並沒有離婚。也許是因為徘徊於人生的死巷實在太過疲憊，我並沒有對

誰說出那段時間的煎熬，反而努力想忘記那些事。真要說起來還有點丟臉，ARS 算命、內褲和五十萬。

不久前我看到法輪大師*在 Youtube 上的「快問快答」。某個男生問大師一個很抽象的問題：「人真的有所謂命運嗎？真的會按照八字講的那樣嗎？」大師回答說：「你說有就有啊！如果天天抽菸的人問我：『大師，我明天還會抽菸嗎？還是不會？』你覺得我要怎麼回答他？」那個男生當場說不出話來。

已經羽化的性徹大師則說過：「你的人生掌握在你手裡。」人在不安時會尋求算命，然後期盼聽到某個特定的答案，其實答案早已掌握在你手裡。在婚姻中積怨已深的時候會想要倚靠算命，但那並不是能消除怨氣的方法。

其實「算命」充其量只是一種「讓你整理你內心真正想說的話的方法」。在你對人生感到懷疑時，應該要不斷反問自己，然後透過回答持續找出藏在你心裡的解答。

但是，我也沒有因為這樣就再也不打算去算命，偶爾還是會去問問。其中還發生過一件有趣的事，在我跑過這麼多間之後，某個

---

* 譯注：法輪師父（법륜），為韓國佛教僧侶，以作家、宣揚佛法教義及人道主義工作而聞名。他還是一名社會活動家，領導了各種運動，例如提倡保護生態意識和促進人權的運動，並致力於實現世界和平，消除飢荒、疾病與文盲。下文的「性徹大師」又稱性徹禪師，佛教禪宗僧人，對現代韓國佛教影響極大。由於他的簡樸生活、禪定方式和傳教技巧，在韓國受眾多教徒所景仰。（資料來源：維基百科）

算命師安慰了我，說了讓我印象深刻的一句話，他當時拒收我的五萬元紅包，叫我直接回家，他說：「妳的人生沒什麼。反正妳都會按照妳想做的去做！」

試著不忍耐的練習　NO

　　就算每天勤勞地去找算命師，還是聽不到一個讓你舒暢的答案嗎？那麼我告訴你一個很有效的方法。在一大清早，拿著你討厭的人的內褲，然後點個蠟燭，在燭火前面祈禱。這就是我從有名的女師父聽來的方法。對了！還有要匯五十萬到 S 銀行 1X0-XX2-9XX415 這個帳戶，謝謝你喔！什麼？你問我這是誰的帳戶？哈哈，當然是我的啊！反正我知道你一定不會匯！因為，「反正你都會按照自己想做的去做」嘛！

生了孩子更還不完的
父母恩

　　在我把孩子長期托給父母照顧之後，「爺奶」這個詞對我而言的意義再也不同了。光是聽到這個詞，內心就像是有塊大石頭壓住般，難過到無法呼吸。

　　韓國育兒政策研究所公布的《雙薪家庭的育兒實況及政策課題》指出，祖父母和親戚參與育兒的比例，自 2012 年到 2016 年從 50% 提升 63.8% 大幅提升了 13.8%。

　　這個現象不只出現在書面報告而已。在風光明媚的好日子，不難在遊樂場或公園裡看到爺爺背著孫子出現，或是年邁的奶奶跟小孩子們吵起來的場景，這些都是隔代教養逐漸增加的明確證據。每每目睹這些狀況時，我都無可避免地感到慚愧，因為我正是那個「把孩子託給自己爸媽照顧的母親」。

能拜託的只剩爸媽而已……

我結婚後馬上就有了孩子，這是祝福，但也很令人傷腦筋。

在私人企業裡，請超過一年的育嬰假就跟辭職沒兩樣。能怎麼辦呢？只能拜託請得動的我爸媽，一開始是說「只要幫我照顧三個月左右就好」，不知不覺就變成把孩子全都交給他們了。因為婆家不在都市圈，加上拜託婆婆心理上過不去，後來面試了幾個不太會講韓文的保姆*後，卻讓我更鬱悶了，他們明確表示：「價錢沒得商量。」而我也無法把孩子託付給溝通上有障礙的對象（他們沒有錯，但是對我而言負擔會增加）。最後考慮到情感和安全，只能選擇我最信賴的爸媽。

不過問題也是由此爆發，一開始是先生忍不住生氣了。我們說好一到五給我爸媽帶，週末我和先生自己帶。對我而言是鬆了一口氣，但先生卻不這樣想，他不時抱怨：「我好想女兒喔～」「為什麼明明是一家人卻要分居？」

每個週末回爸媽家接孩子，又會有另一個掙扎。

「小金啊，每天早上一定要榨蘋果汁給小莉喝喔！」、「聽說最近 M 出版社的教材很不錯，要不要買一下？」種種跟教養相關的建議，聽在先生耳裡，純粹是嘮叨罷了。

---

* 譯注：此指朝鮮族，是來自中國的少數民族，其祖先因為戰爭，約於日據時期、韓戰時從朝鮮半島移居至中國東北，雖然可以說著一口流利的韓語，但身分認同上卻是中國人。
（資料來源：ETtoday 新聞雲）

不再執著成為完美的媽媽

我爸媽的立場也一樣尷尬。他們忙著照顧小孩、收拾殘局，最後連自己吃飯的時間也沒有。某次我剛好放假回娘家一趟，發現家裡到處都是亂丟的書本和玩具，簡直是一團糟。他們看來也沒有好好梳洗，到處追著孩子吃飯，簡直鬧得天翻地覆，整個屋子就像被軍隊掃蕩過，我女兒倒是很平靜地面對餐桌上四散的牛肉、蘿蔔湯、蒸蛋，還有各種蔬菜海鮮（光看就快昏了）。

在我把孩子接回去以後……

我偶爾會想，到底這孩子真正的父母是誰？是生理上生下她的我和我先生？還是照顧她的外公外婆？想要主張我們所擁有的父母的權利時，卻發現已經跟孩子分開太久，偶爾連孩子的臉都想不起來，每當這時我就會暗自抱怨他們。

我希望女兒三餐都能好好地吃，也能玩得開心，但我並沒有犧牲，只是倚靠著我爸媽的幫忙。當我跟他們溝通孩子的狀況以及育兒知識時，都會有種「說來話長」的煩躁。一方面很感謝他們，但不免有種「生理父母」的領域被侵犯的感覺。他們對我的孩子而言並非完美的父母。儘管他們付出全力照顧，但隨著孩子長大，越會想要尋求爸媽的關注。

加上，每個週末我要從爸媽家帶走孩子時，會看到兩老忙著幫孩子洗澡、打掃家裡，還為我和先生準備晚餐。就像是要讓我知道「妳女兒在這個環境下過得很好，不用擔心」，但多少還是會感受

到他們的緊張。

結果就是，不管是我父母，還是我和先生，誰都無法坦然地說出「我們才是她的爸媽」。在這種莫名的緊張之下，我們彼此以沉默取代了不滿。而我唯一能為我父母做的，也就是每個月匯錢給他們，當作是他們辛勞的補償，同時安慰自己：「對啊，這種程度應該夠了。」

在女兒滿三歲、可以就讀公司附設的幼兒園時，我們就名正言順地把她接回來一起住。但就連在跟孫女道別時，他們也沒多說什麼。只是把衣服、玩具、小菜等等一起拿給我，然後說：「外公外婆會很想妳～妳要常常回來玩喔！」

這件事對彼此都很突然。就算我前一晚徹夜思考該怎麼為這段日子作個結尾，實際站在父母面前時，我還是什麼話都講不出來。

最後我什麼話都沒說就轉身離開。眼見我們的車子逐漸駛離，但從後照鏡還是能隱約看見他們都還在原地、沒有離開，而我只是一直看著後照鏡裡的他們，輕輕和他們揮手道別。

大概過了一兩個月吧，某個週末無意間看到電視上採訪一個爺爺，他之前照顧孫子好幾年，現在已經跟孫子分開，過著獨居生活。爺爺在接受採訪時淚流滿面，回想起跟孫子道別的那一天，心就像被掏空一樣，要進去廁所洗手時，突然嚎啕大哭。他說他就那樣坐在地上哭了一個小時之久。偶爾還會喊著孫子的名字，然後咒

罵著把孫子帶走的女兒。

之前被孫子填得滿滿的時間表，如今再也沒有要做的事。他反問製作單位：「現在我要做什麼呢？」

他的表情深深打擊了我的內心。

這一切發生得就像安排好的一樣，我只是無意間看見了那個採訪，就在先生帶孩子出門的空檔，想說來放鬆一下，躺在地板上看電視就看到這個故事。但是這故事卻掀起了很大的餘波。我就這樣凝望著電視，不知道什麼時候開始，一個人安靜地哭了起來。感受到過去努力抹去的鬱悶，都在這個時候強烈地爆發出來。

在這兩年來，我不斷合理自己的行為、忍耐先生不懂得察言觀色的個性，一直逃避和父母好好談談，而在這瞬間我終於體會到，光憑著那點錢根本無法補償他們的努力，他們投入大量時間和健康之後是如此悵然。他們為我和我女兒奉獻的如宇宙般龐大的心意，是任何東西都無法交換的。

想到過去我只是用存摺的幾個尾數就想酬報他們的辛勞，真令人羞愧，那份恩情我到現在都無法還清。每次在我忙碌時，他們默默地填補我的空缺；當我照顧小孩到快崩潰、萬念俱灰時，他們總是我的一號救星。

想到他們每次都塞錢給我，說：「妳照顧孩子辛苦了，再忙也要好好吃一頓」、「幫孩子買點她喜歡的玩具吧！」我卻沒有自信能開朗地笑著回應他們的心情。反而是腦袋一片空白，維持著現

狀，也許這是我唯一能保持的禮儀。為了不再讓他們感到自己的心被掏空，這似乎是我唯一能做的。

試著不忍耐的練習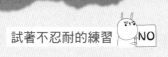

　　如果想要更瞭解隔代教養的實際狀況，以及能更清楚的溝通，不妨搜尋相關的資訊吧！以下僅提供幾本書和紀錄片作為參考，而我也持續關注著這個社會現狀，希望能從中瞭解與學習。

書籍：
- 《隔代撫養的教育藝術》，崧燁文化出版，2019
- 《隔代不隔愛》，時報出版，2020

電視節目：
- 〈青春發言人：我的家長是阿嬤－隔代教養〉，公共電視，2018
- 〈新聞深一度：只有阿公、阿嬤陪‧全台 16 萬戶隔代教養〉，三立新聞，2016

不再執著成為完美的媽媽

不當媽媽了，
當「阿姨」和「狗狗訓練師」吧

關於小孩的教育，總是會聽到各種建議。我的好友美卿就是在嚴格的父親管教下長大的人，但她對孩子卻連一句「不可以」都不會說。不管有多生氣，她都會好聲好氣地說：「某某某，你這樣不行喔！」

另一個朋友和獨生女之間則是非常尊重彼此，不管講什麼，都會很有禮貌地說：「您今天做了什麼呢？」在一旁看著的我，忍不住納悶這樣會不會太過客氣。不過當我提出疑問：「何必一定要用『您』這個字呢？」她就會兩眼直瞪著我。「妳不懂什麼叫尊重孩子嗎？孩子就是皇帝啊！要像皇帝一樣對待她，這樣妳也會變得高貴。」坦白說，我還真不知道原來這樣會變得高貴，像我這樣對孩子很差勁的類型，爸媽還會每天打電話監督我：「絕對不能罵小孩

喔！要讓她開心長大，個性才會好。這會影響她的創造力！」

《媽媽的悔過書》[*]提到的概念跟我爸媽說的很類似。不過作者使用更專業的詞彙——「教練式輔導」，並且認為一定要用「教練式輔導」來教育孩子。

這樣的教育方式是從作者自身經驗中得來的。她原本是一個對孩子要求非常嚴格的媽媽，從孩子小的時候就徹底監督，結果導致孩子個性都扭曲了。長子原本是個模範生，卻在大學入學考試前七個月突然說要退學，女兒也決定要跟著哥哥退學，然後向媽媽宣示：「我現在自由了！」作者也因此開始重新學習怎麼當媽媽。

這位媽媽在書中具體說明怎麼利用「無條件尊重並等待孩子」的輔導方式來對話。總共分成五個階段。第一步：同理（原來你是這樣想的啊！）第二步：發覺可能性（那麼在這個情況下你會怎麼做呢？）第三步：建立實行計畫（要不要做這個看看？）第四步：解決障礙（這種問題我來幫你解決）第五步：摘要並結尾（你已經經歷這個過程了，以後這樣做就行了。做得好！）

我看到這故事後，馬上興致勃勃地對「不想玩注音遊戲」的大女兒實驗看看——

女兒：媽咪，我不想玩注音遊戲。

我：這樣啊，原來妳討厭注音遊戲啊！那妳想做什麼呢？

---

* 　譯注：采實文化，2018。

女兒：我想躺著看電視。

我：（有點不高興）是喔！原來妳想看電視啊！那要不要看完電視讓頭腦放鬆後，再來玩注音遊戲呢？

女兒：我不要！

我：（快要生氣了，但還在忍耐）電視看太久眼睛會累，頭也會痛，看一下電視後，就開始玩注音遊戲，好不好？

雖然我已經複習這個過程好幾次，女兒還是很固執：「不要！我絕對不要！」原本笑得很溫柔的我，最後終於受不了。「妳到底在幹嘛？趕快！ㄅ、ㄆ、ㄇ、ㄈ！趕快背！」

「我不要當媽媽，當你阿姨好了」

聽說以色列的父母最常問孩子的一句話就是：「你是怎麼想的？」他們的教育就是讓孩子習慣自己思考、自己行動。而這教育原理就是以「輔導」為基礎，我可以理解這個宗旨，我們應該要比任何人都更尊重並耐心等待孩子。

不過，該怎麼說呢？在尊重的同時，也應該要有禮儀和界線才對。跟我一起讀《媽媽的悔過書》的朋友（她有一對五歲的雙胞胎兒子）憤怒地說：「這種書應該要把相關的配套措施都寫進去才對吧！至少要寫這是專門針對能流暢對話的十五歲以上青春期子女。我用在我的孩子身上，就被當成了笨蛋。」

我百分之兩百同意她的批評。至少要等孩子具備某種程度的理

性，才有可能彼此尊重。對著大喊「我絕對不要學認字」然後逃跑的六歲兒童，有幾個媽媽敢追著孩子說：「媽媽瞭解了，您說的對！」（尤其是整個幼兒園只有她還不會認字！）

　　套用在生活上也一樣！我的兩個孩子每次上超市都吵著買暴龍玩具，如果不買就馬上躺在地上哭鬧。在這種狀況下難道還能用理解和尊重來對待他們嗎？尤其是我決定不買的時候，回家就發現她故意亂丟玩具（女兒），還在客廳地板上小便，然後玩尿（兒子）。這時難道我該說：「我知道，你們很想趕快尿尿對不對？」實際上的狀況，就是我氣到整個臉都紅了，大聲對他們怒吼：「喂！你們在搞什麼鬼！」

　　對於強調「應該要接納孩子的需求」的育兒書籍，我反而站在比較批判的立場。倒是不久前我在書店東看西看，發現了一本讓我非常感興趣的書，那本書沒有什麼字，幾乎都是漫畫，專門介紹如何訓練寵物。書中總共介紹三個原理：

　　第一，要建立主人的威嚴（絕對不和狗狗的目光等高）；第二，牠做錯事時，完全不理牠（不管牠再怎麼撒嬌都不要做出任何反應）；第三，當牠做得好時，要給牠強烈的稱讚和獎賞（牠把球咬回來之後，要緊緊地抱住牠，給牠好吃的餅乾）。我不自覺地被這本書的內容深深吸引。嗯，這個似乎比較有效！

　　韓國有個節目叫做《我的孩子改變了！》，其中育兒女神吳恩

永老師在節目裡也用過類似的方法（上這節目的全都是很皮的孩子）。面對耍賴不吃飯的孩子，吳老師徹底地採取一個作法，那就是絕對不理他們。而且其他人也都要安安靜靜吃飯，不看他們。後來玩到累了的孩子終於爬上餐桌、決定好好吃飯時，老師就緊緊抱住他說：「很好！準備吃飯了嗎？」

　　成為好媽媽沒有捷徑。不過我認為「對孩子有求必應」並不是真正的尊重。當然我非常深愛我的孩子，但如果因為是媽媽就要「全都忍耐、無條件接納」，那我寧願選擇當個阿姨。因為這樣才能退一步，站在更客觀的角度來看待我的孩子。

　　所以我的育兒哲學是：「在阿姨和狗狗訓練師之間」。我的個性很急，所以沒辦法像德蕾莎修女那樣笑著說「不管你說什麼我都會好好傾聽的」，我不斷跟自己說：「我是他的阿姨，我是他的阿姨！」而且當孩子每天都哭著拜託我買「波力 Poli」、每天都說想去旅館住而躺在地上哭鬧時，我覺得使用「聽孩子說話，然後第一句回答：原來你是這樣想的啊」並不是好的解決方法。這種時候，我會用盡我所有的力氣成為狗狗訓練師。

　　「不行。不可能你每次要什麼都幫你買。如果有想買的，就要設定計畫。嗯，我想想看，要不要來存零用錢？媽媽也不太會理財，你想不想從現在開始和媽媽一起試試看？」

試著不忍耐的練習 NO

　　韓國知名動物訓練師姜亨旭也坦承教育孩子並不容易，畢竟孩子和寵物是不一樣的存在。所以就算我們無法掌控孩子，也不能隨心所欲處罰孩子，也不要因此輕易放棄或感到挫折。姜亨旭還說：「狗只要一年就長得差不多了，但孩子過了十六個月還是那樣。」當時我看著我養了三十個月、六十個月的孩子，真的是醉了。

　　「我家那兩隻要養到什麼時候才能變成人？」

不再執著成為完美的媽媽

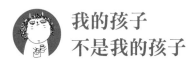

我的孩子
不是我的孩子

　　「我已經講過了，這個不是『小』，是『川』！五歲的小朋友應該要會寫自己的名字啊！妳看看時宇，他可以看完一整本書耶！妳在幼兒園到底學了什麼啊？」

　　這次的導火線是從我看到兒童日記開始的（兒童日記是幼兒園每天上傳照片的網路平臺名稱）。其他小孩都可以把自己的名字寫在黑板上，只有我們家小莉寫的像是鬼畫符。傻呼呼地把自己的名字「小莉」寫成「川莉」！

　　提到認字，真的越想越氣。「小莉！你又寫錯了！」不知不覺我的眼睛已經充血、喉嚨都快啞了，還是要忍住心中熊熊燃燒的怒火，然後深吸一口氣──這時原本在一旁玩耍的四歲兒子突然說：「媽媽！是 We all lie 耶！」

「We all lie～」瞬間上升的高音持續迴盪在耳邊。這是《天空之城》連續劇的主題曲，描述為了躋身韓國金字塔頂端那0.1%，學生和家長們展開激烈的大學入學考試戰爭。

我有一陣子入戲很深，特別是韓瑞珍廉晶雅飾演這個幾乎像是孩子入學考指導員的媽媽。

「藝瑞，你要考上首爾醫大，你的人生才會一帆風順（對啊！說的沒錯）。」

「老師！你一定要讓藝瑞在學校得第一喔！（如果我有錢也想這樣拜託老師啊）」

劇中四位媽媽身上那股會為了小孩上刀山下油鍋的氣魄，讓我非常有同感。坦白來說，不管社會再怎麼進步，基本上還是要有好學歷才能獲得肯定。所以韓瑞珍主張：「要讀到這種程度，藝瑞才能過得像我一樣好。」這部連續劇描寫韓國媽媽的共同渴望，和現實相較算是有過之而無不及。反之，像李泰蘭飾演的宇宙媽媽——李秀林那種人就會批評韓瑞珍對入學考試太執著，警告她：「妳這樣不正常！」我每次看到她出現就不自覺有股衝動想拿魷魚乾丟她，「閉嘴！因為妳的孩子不用妳講也會好好念書，妳才會這麼囂張！」

我敢說沒有父母不擔心成績

總而言之，就在我們家老二唱出「We all lie」之後，我深入

不再執著成為完美的媽媽

思考關於子女的教育。身為四歲和六歲孩子的媽媽，我對他們的期待以及想為他們做的事是什麼呢？以及那真的是對的嗎？沒錯，這場真心話大冒險，說穿了，各種對於教育的想法都只是障眼法罷了，沒有父母不擔心孩子的成績。

我不否認這出自於「父母的好勝心」。孩子很會念書，當然是件好事，哪有人不希望？不管孩子將來是當法官、檢察官還是偶像，絕對要先有好學歷才有優勢。不過有些父母連「自己的好勝心」都不想承認。

舉個例子就是，有人會到處散播「越晚學認字，越能保持創造力」這種可以說是超脫常理的邏輯。不過當你反問，晚一點學的好處是什麼？你的孩子是在那裡學認字的？要不要直接說你的孩子是忙著學文言文和英文才沒有學認國字呢？好勝心又不是什麼壞事，要嘛就大方承認啊！不要裝得好像一點野心都沒有。

我不會假裝我對孩子的教育一點都不擔心。我非常擔心，甚至偶爾會因為太過擔心而抓狂。就連在看完《天空之城》的時候，我也心有不甘地想著「原來金字塔頂端的小孩是那樣生活啊！」然後自責自己這個做父母的為什麼不是有錢人。如果我也有錢，就不用把孩子送去幼兒園，乾脆就請私人家教，週間還可以跟孩子一起去一趟藝文中心，過著很有格調的生活。

不過我也很清楚，我無法隨心所欲使用時間和金錢的不安，也會連帶讓我對孩子投注更高的期待，只是把不安包裝成憤怒來要求

他們：「所以你應該要做得更好啊。」

　　在不斷發脾氣的同時，我逐漸明白要是我發脾氣有用，哪怕是一百次、一千次，我都可以繼續生氣，但其實我越生氣，孩子越會逃開我。「來～要來玩注音遊戲了！」她就會突然說：「我肚子好痛！」或是「那哪是遊戲，妳只是要叫我念書！」然後做個鬼臉就跑掉。最後我就會藉著遊戲的角色來間接表達我的話：「（對著粉紅兔皺眉）妳！我不是叫妳要背嗎？妳聽不懂嗎？還是聽不懂嗎？氣死我了！」

　　這個場景讓我想到我聽過演講大師金昌玉說過的：「固執的媽媽時不時會對孩子發出像響尾蛇一樣的聲音。我不是叫你這樣做嗎？不是叫你不要那樣做嗎？嘶～」

　　就在我發出響尾蛇的聲音：「我放棄了！嘶～」後的某天看到節目《英才發掘團》。上節目的都是那種擁有絕對音感的鋼琴天才、國寶級的數學天才等等，許多天資聰穎的天才兒童，跟現實非常脫節。不過，我看著看著卻發現這集不一樣。原本焦點應該是英文很溜的天才兒童，但那位媽媽更吸引我的注意，她跟我一樣都是職業婦女，不過英文卻非常好。當製作單位問她：「您本來英文就很好嗎？」她說：「沒有耶！我是開始和孩子一起讀英文讀物後，英文才變好的。」

那瞬間，我感到後腦勺被重擊了。

原來那位媽媽每天都會在孩子睡前讀童話故事給孩子聽，而且孩子睡著後自己依然繼續讀。後來孩子讀到恐龍的故事書時，對她說：「我想做做看火山實驗。」因為這一句話，她熬夜搜尋實驗方法，這件事讓我再次受到衝擊。隔天，母子成功完成火山實驗。那位媽媽在煩惱孩子的成長過程中，自己也成長了。兩人幸福的模樣，讓我感到無比羞愧，這份羞愧持續發酵著。

我想到我總是生氣得逼女兒學認字，已經五歲的她卻異常膽小。我一丁點都沒有思考該怎麼轉換教育的方式，只是發出響尾蛇的聲音胡亂嘶吼。不過，有一件事是確定的，就是我說不出「至少我有盡全力當個好媽媽」這種謊話。就算我能在我的標準上拿我的辛勞來說嘴，但在孩子的立場上來看，那並不是盡全力。

我想到我以前小時候也是一樣。應該是五歲的時候吧！以前我都會逃離逼我背英文單字的媽媽。

「唉！我媽以前也是這樣嗎？」就像天空之城主題曲〈We all lie〉所說的：「We all lie. …… People cheat each other, right?我們都在說謊……欺騙著彼此，對吧？」

在這麼冷酷的現實中，達成夢想並不容易。讓人難過的事比也想像中還多。但在這辛苦的道路上，若能和孩子彼此尊重、攜手同行，至少能讓過程更喜悅吧？而能和孩子一起學習、一起成長，分享彼此的心情該有多好呢？

但是，女兒啊！媽媽就是「庶民版韓瑞珍」啊！我骨子裡絕非一個溫柔又沒有野心的媽媽，但是我會努力的，直到你對念書有興趣為止，我都會等待，也會研究，這都是為了讓你將來能更輕鬆地走在人生這條路上。

不過，女兒啊！既然要讀，我希望妳能好好讀。媽媽絕對不會反對妳拿第一，既然能拿第一，都不花錢有多好呢？省下的補習費可以存起來，不是很好嗎？當然妳絕對不要有負擔，我不是要妳一定要為我做什麼。

女兒啊！我們從現在一起開始，好嗎？

試著不忍耐的練習

我小時候最討厭媽媽叫我念書。不知道是不是因為是老二的關係，媽媽在教姐姐國文和英文的時候，我常常會躲在媽媽背後做鬼臉。我記得我五歲的夢想是離家出走，跟阿姨說我要去墨西哥找寶物，然後出發前拜託阿姨幫我買麥當勞的漢堡（「阿姨！我不想念書，我要去找寶物！」）沒想到阿姨竟然跟媽媽洩密，所以我在玄關就被攔下來。曾經這麼說的我現在卻對著女兒說：「拜託妳多讀一點書！」真的是風水輪流轉。我也知道不能太過分，孩子總會想到該做的事的。這時候，我想到我媽媽說過的詛咒：「妳養一個跟妳一樣的孩子看看！就會知道我有多辛苦！」

不再執著成為完美的媽媽

唉唷，
老公會幫忙做家事真了不起

當我埋頭寫些什麼時，一旁看著的先生就會說：「也寫點老公的事吧！而且如果要寫的話，可以把我寫成一個會幫忙做家事的好爸爸嗎？」

所以才開始寫了這篇，就像他講的一樣，洗衣服、打掃、煮飯……各種家事都難不倒他。他的優點就是「無法忍受髒亂」（就算晚上十一點才下班，還是會洗衣服、晾衣服到凌晨一點才睡）。對飲食很講究的他還能讓明太魚湯起死回生。在他的細心和努力之下，粗糙的地板重現光亮。單純比較我們兩個人的能力時，客觀上應該會認為「先生的家事能力明顯比太太還強」。

不過，接下來就來說說，我不想要特別推崇「先生做家事很偉大」的原因。

每當先生偶爾會笑著對我說：「妳看看妳多幸福啊？妳該做的事都是我在努力幫妳做耶！」

「…………」每當這種時候，我都會沉默好一陣子，什麼話都不說。他笑著說的這句話，不知為何讓我腦袋一片空白。所以我用冷水按摩了頭部，也去散散步整理一下思緒。多虧有這麼做，我現在才能保持理性。

我真的很感謝他一起幫忙做家務，真的，是真的。不過，如果他可以貼心地說：「我來做！」而不是說：「我來幫你！」就能讓我心無芥蒂。我連一丁點都沒有比先生更擅長做家務（每次脫衣服就像蛇脫皮一樣，洗過的碗還是油油的），不過他那種「家事基本上是女人要做的」的觀念，老實說讓我很不高興。若用我的言語來說，我每次都覺得「先生的自信來自於他的自我膨脹」，所以他的話聽起來都很刺耳。當他說「說到做家事，我打趴全韓國一半以上的男人，你朋友知道我會幫忙老婆做家事嗎？怎麼樣？他們應該都很羨慕妳吧？」每次聽完我都覺得反感。

當然，我偶爾會告訴我身邊的朋友說：「這禮拜我先生幫忙做家事、洗衣服和洗碗，做了三次耶！他說這比韓國一半以上的男人都強，叫我幫忙宣傳一下。」其他朋友聽到後會很驚訝：「天啊！他對你太好了吧！」「好好喔！老公竟然會幫忙這麼多。」「哇！打掃、洗衣服還有煮飯？」聽到他們稱讚「先生施捨的幫助」，我心裡很不是滋味：「那我做這麼多，怎麼都沒有人稱讚

我？我平常也會洗碗、洗衣服、打掃浴室，所以我做就是應該的，他做就是很了不起？」

深植在我們潛意識當中的觀念其實很可怕，要成為一個「偉大的媽媽」並不容易，但要成為「偉大的爸爸」卻簡單得多。

如果今天是一個女人在網路上發文炫耀：「家裡都是我負責洗碗耶！」就會被當成「可笑的女人」，但相反地，只要把主角換成男性，「好貼心的老公喔」各種稱讚就會如雪片般飛來。家裡變乾淨或是端出許多好菜，對家人是件好事沒錯，可是為什麼明明是為了「我們」而做的，硬要說是「為老婆做的」、「應該被稱讚」？就算不特別那樣說，我先生和我一起努力維持這個家，這件事已經讓我覺得很可靠，讓我更努力想要盡全力去做。

關於男女一起分攤家務這件事，不久前我剛好看到一篇相關評論：「如果夫妻薪水差不多，為什麼家事不是平分呢？」，裡面再次討論到雙薪家庭中夫妻賺的薪水其實沒差多少。

但我其實沒有想過「要按照年薪多寡來分配家事」。因為家事不是像切蘿蔔那樣，可以俐落地算得一清二楚的。妻子累的時候就由丈夫來做，丈夫累的時候由妻子來做。彼此觀察對方的狀況主動幫忙，不才是家事的本質嗎？當初在婚禮上約定「一起白頭偕老」，難道有強調是女方要負責家事嗎？夫妻不就是要一起以「愛與犧牲」的精神來建構圓滿的家庭嗎？

那麼多女學生都去了哪裡

美國女權作家傑西卡・瓦倫蒂 Jessica Valenti 指出一點：「許多以女性的工作和生活為主的談論都只專注在討論女性如何『平衡』工作與家庭。」

誠如她所說的，現代所發展出「平衡」工作與家庭的「Super Woman」的嶄新神話，女性彷彿承受著一種必須成為全能女性的壓力。因此，每次爆發跟家務和育兒有關的問題時，女性都是被檢討的對象。職業婦女用職業婦女的方式照顧家庭、全職媽媽用全職媽媽的方式照顧家庭，但社會的視角卻讓她們將自己的存在感和努力自動降格。

我在公司常常接到電話：「這裡是幼兒園，妳的小孩受傷了，請趕快過來。」而這種時候都是我趕過去。看著上司的臉色，手裡緊握著汽車鑰匙，急急忙忙地踩著油門，回來後心中總是只剩下無盡的壓力和荒謬。某次孩子出事時剛好卡到一個重要的會議。雖然我已經跟先生說「拜託你去看一下」，但十次裡面有八次他會說：「妳是媽媽，妳才要趕快過去！」當我真的因不可抗力因素不能過去，而是先生過去時，就要聽他鬼打牆地重複好幾次：「我真是個好爸爸」。

就像這樣，當「家務與育兒」的第一順位是女性時，自然而然在「經濟能力」方面，女性就會是第二順位。「女人就乖乖帶孩

子，賺到買菜錢就好了」的觀念依然在我們社會中根深蒂固。

詩人文貞姬在《那麼多女學生都去了哪裡》的詩中提出了疑問，這世界確實已經進步很多，但還有許多奇怪的地方。描寫韓國女性的現實生活《82 生的金智英》裡的金智英也是一樣。租了一個普通的房子，夫妻都得工作賺錢，但孩子出生後，家事全都交給了智英，因為計算家裡的開銷和育兒費用後，覺得「女人待在家裡」比較好。

其實我不想這樣算，不過在這種狀況下我真的很想計較看看。在喊著「爸爸幫忙做家事真偉大」之前，我們該思考的是「媽媽一直在吃悶虧」。我想到在《與眾不同的教室》裡，吳燦浩博士說過的一句話：「這個社會正在走鋼索，現在太傾向男性了，那麼加點力量往女性那邊平衡，不是理所當然的嗎？」

我不想輕易對先生說出「你好偉大」。我想留到家務和育兒平均分配的那天再大大地誇獎他。否則之後只要我再多要求一點點，他可能就會和我大吵一架：「我哪有時間做這麼多？」「平常幫妳很多了，這點小事也要我做？」。我更希望能拔除丈夫認為「妻子就應該是孩子的主要照顧者」的觀念，希望他能真心理解到的是「妻子是和我一起生活的人」。

我相信，那天會到來的。

試著不忍耐的練習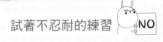

　　家裡的家務和育兒是怎麼分配的呢？夫妻一起坐下來玩，用各種家事填滿空格後，看看誰先連線賓果！

	打掃 浴室	繳費 水電瓦斯		送小孩補習
洗衣服	倒垃圾		添購 日用品	
打掃 房間		洗碗		
			送小孩上學	
記錄收支	接小孩放學			煮飯

我不是不能煎，
是不爽煎

　　韓國有個網路廣播節目名叫《Mom's Radio》。這是由新手媽媽以及二度就業的媽媽一起開設的廣播節目，主題包羅萬象，包含了子女教育、自我開發、理財技巧、單親家庭等等。聽著她們的嘮叨，內心糾結彷彿被各種鬆綁。「天啊！原來妳也曾經這樣嗎？」就像跟失散多年的姐妹盡情尬聊一般。

　　其中我覺得最有趣的一集〈明太魚煎餅*就交給你了〉，說出了逢年過節的媳婦們其實一點都不開心的真實狀況。「為什麼我們

---

*　譯注：韓國逢年過節時會有祭祖的儀式，祭祖前須準備分量龐大的祭品，而祭品當中大多是煎餅，作者提到的明太魚煎餅即是其中一種。

的能力只是煎煎餅？」「為什麼要這樣折磨活人來維持對死人的禮節？」她們講到好像快要拿飯勺起來示威一般，但最後還是摸摸鼻子回歸現實：「各位，祝妳們這次連假愉快。先去煎煎餅再回來聊吧！」

祭祀、禮節這些詞，我並不陌生，因為我爸爸是獨生子。媽媽已經煎了三十年的煎餅，姐姐和我每次都是餓著肚子，在濃濃的油煙味中幫媽媽的忙。爸爸偶爾還會說出幾句讓我們很傻眼的話：「供品只有這麼一點嗎？」「咦？你們什麼時候擺完了啊？」某次爸媽大吵一架後，媽媽就再也沒有準備過這些供品了。那之後都是爸爸獨自一人去祭拜。

簡化祭祀和禮節的話題，是韓國逢年過節一定會出現的新聞內容，而每次祭祀時，從來都不是由準備供品的我作主，而是先生作主的。我能說不要嗎？新聞報導總是以男性視角來思考這些問題，事情的發展取決於男性可以接受到哪種程度。所以，要有什麼突破性的改變根本是天方夜譚。

我先生是長子，結婚後他常說：「要由我主祭才行！所以妳最好不要說什麼不要辦這種話！」他以一句「要由我……」強調責任感，擺出強勢的態度，而我講的只有：「我姓李、你姓金，我為什麼一定要負責金家的祭祀不可？」討厭煎明太魚並非時代的轉變，而是於情於理，都無法說服身為妻子的我們接受這件事。

有個朋友已經結婚十年了，他們家每個月要拜兩次，她說：「早知道我就跟孤兒結婚了。要不然也該選個信基督教的家庭才對。」身為職業婦女的她，家裡因為祭祀而起的衝突已經嚴重到讓她考慮離婚，主要的原因是強勢的婆家和裝傻的先生。本來有次差點要成功轉移政權，到後來卻只有她被當成笨蛋。「原本都已經跟大嫂二嫂說好，這次我們都不去拜，結果沒想到她們卻瞞著我偷偷去婆家。」雖然先生也有問題，但在現實中女性之間的合作竟然也如此不容易。

最近性別平權成為全世界的熱門話題，其中一個就是拿下坎城廣告創意獎的「無畏女孩 Fearless Girl」的銅像。這個女孩是為了紀念「國際婦女節」而設立的，她跟高盛的公牛銅像對望，如同在對峙一般。女孩像在網路上也引起熱議，「這是正面攻擊以男性為主的社會」、「女人們！打破那看不見的高牆吧！」和女孩像有關的影片在網路上點閱率非常高。

身為廣告人的我也受到非常大的激勵。我想，如果要用影片拍攝韓國家庭因祭祀而起的爭執，標題應該會是「The War－明太魚煎餅之戰」，採敘事手法紀錄。第一幕，最近越來越多女人想和父母雙亡的男人相親，還有許多正值適婚年齡的女性改信基督教。但無法搭上這股潮流的已婚女性仍然承受著痛苦。（切換時空背景）這些媽媽們表情悲壯，拿著一隻隻冷凍明太魚聚集在廣場

上，可以看到遠方迎面而來的敵軍，仔細一看，竟然是她們祭拜的祖先們！他們敲著鼓，在像《魔戒》那樣的沙場上宣戰。最後一句預告則是：「究竟是誰讓素昧平生的他們成為了仇敵？」

我不是不能煎，問題是……

一切的社會問題起源都是「普遍性的解釋」。「明太魚煎餅之戰」也是這樣。不要拿素昧平生的祖先來情緒勒索媳婦們，如果有需要保留祭祀的禮節，那麼就要思考是不是能夠盡可能簡化程序，保留其意義即可。否則，如果真的要維持祭祀的傳統，就應該要跟全家族討論，在互相尊重的情況下決定。光是不負責任地說一句：「妳是嫁到我們家的媳婦，理所當然要負責啊！」只會讓彼此氣死而已！

仔細想想，為什麼逢年過節一定要往婆家跑？然後為什麼婆家要覺得這件事這麼理所當然？在高麗時代，女人在社會上的地位和男人是平等的，甚至還有招贅的情況，財產也是平分的，但為什麼到了朝鮮後期傳入儒學思想後，我們的傳統就一面倒，變得只想要「廢除高麗」？真希望我們清醒的祖先能跟朝鮮時代的儒學思想家好好爭辯一番。

其實製作明太魚煎餅那種小事，我並不是辦不到。就算手臂已經痠到貼滿痠痛貼布，要煎還是可以煎。不過，就像是吩咐人做事

時，至少要「說服並讓人理解為什麼要那樣做」一樣，現在我想知道為什麼只有媳婦要反覆從事這樣的勞動。而且如果真的是非做不可的事，我希望至少也能被肯定。起碼要說點安慰人的話吧？例如：「老婆，真的很謝謝妳花這麼多時間做這些。」

已經努力做牛做馬了，還要看婆家的臉色，連「我真的很累」這句話都因為身分是「媳婦」而說不出口。儘管世代改變了，但陋習依舊沒改。

現在，我們所有人都想知道，為什麼我們要煎明太魚煎餅？

試著不忍耐的練習

我幫不想煎煎餅的媳婦想到了幾個解法：
· 事先去傳統市場預約（我們社區賣的是韓幣一萬元一盒）
· 現在市場有賣冷凍的「綜合煎餅」。
· 假裝不小心搞砸食物後逃出廚房！
· 直接說我不想煎，然後倒在床上。
· 跟婆家長輩們進行「煎餅」協商。

以上，我沒辦法說哪個是正確答案，這得看你的膽量有多大、臉皮有多厚了。

夫妻間的終局之戰

　　在這世界上最私密又拙劣的戰爭就是夫妻間的戰爭。因為細節無法全都說出來，所以很私密，因為兩人會為了報仇而做出各種幼稚的行為，所以很拙劣。從「要洗的衣服太多了」「你幫忙換一下尿布」等等口角開始，後來為了保有自尊心而越演越烈，加上我又是很愛記仇的人，所以就算別的事情會輸，至少這個絕對不能輸。於是我們開始數落對方的不是、翻舊帳，甚至是互揭瘡疤，而且我和我先生的八字都是屬火的，隨便一句話就會成為火種，雙方立刻吵起來。

　　吵了好幾次後，我轉往研究「痛快復仇的方法」。畢竟「原諒、理解」這種單字只是讓吵架稍微延後而已。尤其當我體力耗盡時，就會自然而然擁有那種智慧。但現在發洩我的怒氣是當務之

急，所以我在這裡分享一下我的研究心得，也邀請大家一起集思廣義。

口水戰

首先，用言語復仇，有句俗話說：「食人一口還人一斗。」而我們是幼稚地改寫這句話：「你講一句我講十句。」假如對方攻擊我，罵我是笨蛋，我就回擊：「講話沒邏輯，只會大小聲的才是大笨蛋。」

這種攻勢的趣味在於罵出口那瞬間爽快的感覺，不過缺點就是萬一他又反擊，這場戰爭就會沒有盡頭。再加上，如果他根本不理我，逕自摀住耳朵，喊著：「我聽不到～」整個局勢就完全逆轉了，只剩下我的怒火就直衝腦門。

攻擊難易度★	攻擊有效度★★

總評：小規模攻擊幾次後可能會受到更大的傷害

摔東西（feat.家中物品）

我可以理解我的小孩生氣時為什麼會在地上滾來滾去。因為講不通，所以就用行動表達。我有一次跟先生吵架時氣到把他珍惜的桌燈摔到地上踩爛。嘎嘟一聲，從大學時期開始陪伴他超過十年的

雕刻桌燈，就這樣碎了。他受到非常大的打擊，就像失去自己的愛人般，表情完全呆掉了，我非常痛快。

但問題是後續應用並不容易。之後生氣時，就算想找個東西來摔，不過一旦開始計算金額，就摔不下去。後續行動就會比較小心，所以沒有什麼威脅性。

攻擊難易度★★　　　　　　攻擊有效度★★★

總評：難以持續運用，不容易找到更強烈的刺激，會遇到需要承擔費用的關卡。

把他的寶貝藏起來

我不會忘記先生被我攻擊後那「空洞的眼神」，那時才體會到，一個人所受到的精神衝擊跟愛惜那物件的程度成正比。我趕緊四處看看，他愛惜的東西、他在乎的東西……喔！就是他的手錶。我趕緊把作為結婚禮物的昂貴手錶藏起來。在這之前我每天都緊盯著他隨便放在衣櫃上的手錶。

「你有看到我的錶嗎？」他的表情變了！喔！當然在我衣櫥裡的大衣口袋啊！不過我絕對不會說出來，只是裝蒜：「咦？我不知道耶？」看到他慌亂的樣子，心中痛快的程度就像甩掉黏在我身上數十年的肥肉一樣。

攻擊難易度★	攻擊有效度？

總評：要是被發現就尷尬了。只要試一兩次就夠了。

持續詛咒他

妳不相信詛咒有效？如果「詛咒」真的沒效，那吸引力法則、死亡筆記本、各種靈驗的符咒就不會有那麼多人討論了。詛咒的關鍵很簡單。就是要一再地專注在敵人身上，然後頑強地攻擊。用一句話來說，詛咒並不是馬上決勝負，要有耐心長期等待才有可能實現。

我懇切地向全宇宙祈求：「拜託，讓先生下輩子投胎變成女人，遇到一個保守的先生和婆婆，然後獨自扶養五個小孩。」我口裡唸著這段詛咒，暗自竊喜。其實只是想的時候會覺得痛快，實際上可能要到下輩子才知道詛咒有沒有效。

攻擊難易度★	攻擊有效度 X

總評：光用想的就很爽快，但缺點是只是我自己空想而已。

某次我在跟一個結婚十年也有孩子的朋友聊天時，她很認同我的方法，稱讚到一半卻突然說：「其實你還是愛你先生的。我先生

就是他要出門就出門、要回來就回來，我根本不理他。」她的表情像是看破一切的智者，不過，我是那種只要還能爬出房門一天，就要用盡各種手段發洩怒氣的人。儘管我大學時期曾經是那麼單純，婚後卻變成了「粗話大嬸」。我後來想通了讓我產生變化的唯一原因，應該就是因為我不斷研究，當我被先生的某句話、某個動作激怒時，到底怎樣才能洩憤。

話是這麼說，不過如果可以的話，我希望能跟先生一起活得長長久久，到能笑著握住先生的手，說出「親愛的，我們要一直幸福下去喔！」為止，因此我才會每天都吃一把的保健食品來儲備體力，好讓這種彼此為了溝通而起的爭執能持續下去，這也算是一種愛，對吧？

試著不忍耐的練習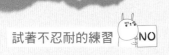

有時候雖以「復仇」為起頭，後來卻草草結尾，説起來還有點好笑。比如說，吵到一半肚子太餓了，不得不摸摸鼻子說：「等一下！我們先吃點飯再繼續吵好不好」，要不然就是音量越來越高：「拉拉拉～我聽不到你在説什麼～」然後就突然忘記接下來要講的話。尤其是小孩睡完午覺起來，搖搖擺擺地走過來時，就發現我們倆都笑著説：「唉唷，好可愛唷！」

不知道是因為腦袋太笨還是缺乏專注力，總是無法達到「復仇的終局之戰」。古人説：「抽刀斷水水更流，夫妻怨仇幾時休。」説得真好。

Part 3

不再忍受
奇怪的職場文化

只想好好工作的女人的未來

　　我們所見的現實往往會有黑暗面。有個製作人曾經在 JTBC 台《舌戰》中說過，以男人間的義氣發展的綜藝節目特點就是，資深女諧星能站的位置意外地少。例如最近紅透半邊天的諧星宋恩伊和金淑，兩位都已經出道二十多年了，但很諷刺的是，她們出現事業第二高峰的契機就源自於「電視台逐漸不找她們上節目了」。

　　一般女性上班族的狀況也好不到哪裡去。韓國的「玻璃天花板指數*（Glass Ceiling Index）」是 25 分，在 OECD（經濟合作暨發展組織）裡 29 個國家當中，明顯是最落後的，難道只是因為結婚育兒的關係嗎？而且女性在董事會所佔的比例只有 3%！

　　知名的創意總監金鎮雅曾經在專欄中提到一個很有趣的內

---

*　指「女性職場平等指數」，相關資訊請見第 156 頁。

容：「有四種女性可以混入男人圈。第一，行為舉止像男人一樣的男人婆；第二，沒事跑去跟主管訴苦的小妹；第三，能解決各種疑難雜症的大媽；第四，散發獨一無二魅力的大正妹。」我看完後心想：除了這些人之外，只想好好工作的女人還有未來嗎？

在剩下的這個群體之中，只想好好工作的我，以及我周圍的許多女性，可以說目前為止不過是「公司裡的濫好人」罷了。用印度的種姓制度來比喻，我們就是位於首陀羅（奴隸）階級。最上層階級是位於權力階層的男性——婆羅門（祭司與教師），其次是懷有政治野心的女性與一般的男性，最後才是最底層的我們。

工作做得不好會吃虧，做得好也會吃虧，因為做不好就真的會被果斷地拉下台，而做得好就會遭到某些人利用，或是被強力阻礙升遷。如果妳讀到現在還歪著頭感到疑惑，妳要不就是太單純，要不就是個幸運兒。

我曾經遇過一件事。我被派遣到手機應用程式開發部門時，就被一個完全不認識的協理問：「妳的主管是誰的人？」我反問：「什麼誰的人？」他只是笑而不言。我彷彿從他眼神裡讀到：「這傢伙真單純，出局。」

結果就是，即使我包辦了九成以上的業務，但寫給高層的報告裡面，我總是被放在最後。原來在我底下處理行政事務的男員工（他的父親是某分公司的老闆）因為得到協理的信任，所有業務的功勞都歸到了他的身上。

公司裡有個我很尊敬的課長，她工作能力強、人緣也很好，我曾經意有所指的問她：「課長，妳不覺得很倒楣嗎？」她酷酷地回應我：「老實說我很受不了，但也不想去蹚渾水。」然而現實中的情況並不酷。有個企圖心很強的同事會到她的座位上拜託她：「這個，妳可不可以幫忙一下？」拜託她幫忙的人已經多到要抽號碼牌的程度，就連企劃協理不知道該怎麼指示時也會向她請教。到頭來，妳以為那些得到她幫助的人應該會感激她吧？但他們在背後說的話卻又不是那麼一回事。

「黃課長沒什麼企圖心，大概沒什麼升遷的意願。」

「這次升的是個男的，升得好！」

「為什麼不讓女生參加聚餐？」

身處在追求公開透明和高效率的二十一世紀，在職場中，毫無邏輯的事情仍然層出不窮。

根據文宥碩法官的《個人主義宣言：法官文宥碩的日常有感》*著作中提到，職場中的權力結構表現，可以說類似於「道上兄弟的義氣展現」。組織中真正掌握權力者，是握有權力的核心人物以及跟他親近的幾個人，因此仗勢欺人的事件在所難免，而「誰昨天一起喝到半夜」比「誰更有能力」來得重要。因此，在這

---

* 譯注：書名暫譯，目前該書無中譯本。

個結構下，難以寄望會出現合理的升遷。

我聽過有些男人私下發自內心地稱讚：「其實那個女課長真的很會做事。」不過好像有人很恐懼課長得勢，就接著說：「講那什麼東西？她很獨裁好不好。做事是還可以，但是個性太怪了，誰有辦法在她底下做事啊？」

不管是再怎麼優秀的男主管，對於女性職員的表現往往不太會公開評論，因為他們並不是透過親自確認，而是透過身旁的男性員工得知的。所以每當關鍵時刻，就會出現一些荒唐的結論：「做事能力是其次，最好還是要找到能順利跟公司配合的人。」當這樣的狀況反覆發生後，比較會做事的女人之間就會開始自嘲，例如：不管再怎麼努力工作，升遷的都是跟主管一起喝酒的可愛弟弟呢。

都什麼時候了，團體裡的文化依然如此，即使是看起來進步開明的公司也不例外。只想好好工作的女人，未來依然是一片黑暗，但我也不想因此就保持沉默。

每當公司信箱收到「打造兩性平等的職場」問卷調查時，我會積極的回覆。那種寫不寫都沒差的選擇題，我會快速回答完，然後故意在開放式問答裡寫得滿滿滿。例如我會寫上：

「1. 為什麼每次聚餐都不讓女生參加？」

「2. 聽說每到人事評鑑的時期，都會有特定的男同事找人資吃飯，這是真的嗎？」

「3. 目前升遷條件非常不透明，請公開升遷條件。」

這是我和我身邊許多女性同事都很想知道的答案。為什麼我們拚了老命為公司付出，但每到能三級跳的時候只能死心和放棄？

我們需要正面的回應。公司不能因為「有做性別平等問卷調查」就滿足了，請公開「具體的調查結果」和「實際的改善方法」。然而，結果往往曇花一現。我覺得快時尚不單單只存在於服裝產業，公司裡對於「性別平等」的認知，也只不過是一種快時尚。當大家發現這陣子某個議題特別夯，就高喊著：「嘿！我們公司也有注意到喔！」舉著旗子興沖沖地湊熱鬧，但是在話題退燒之後，就表現出「做到這個程度就可以了」一副意興闌珊的模樣，接著又急忙跟風下一個新議題，毫無遠見。

革新必須由上到下才可能達成，那些在公司裡的「貴族階級」，不可能不懂這個道理，他們只是明知故犯。

然而，我並不是想推倒以男人為中心構築而成的堡壘，也絕對不想加入已經踏進那座城的聰明女人行列。

最重要的是，只想好好工作的女人，應該要具備生氣的毅力，不能輕易妥協。直到身邊這些奇怪的職場文化都消失為止，直到這些幼稚的行為不再重蹈覆轍為止，我要持續貫徹我的「不忍耐」原則。或許深究下來，這只是我個人在職場工作的價值觀，不過聽說最近有些黑道也會為了個人利益而起衝突（不滿意利益分配時，也會喊著：「大哥！給點飯錢吧！」），而我只是不想讓自己辛苦掙來的飯被潑到屎尿而已。

滴水能穿石，我們需要讓這堅不可摧的玻璃天花板「持續出現裂痕」。貴族階級的態度應該會從「這個人真可笑」到「欸，你這傢伙在幹嘛」吧！就算是被說「那傢伙真煩」、「真討人厭」也無妨，至少也引起了某些人的注意，而一切都是先從「被注意到」開始的，不是嗎？

　　只想好好工作的女人、對職場中的性別不平等感到厭倦的女人，我們是有未來的，各位女性，請相信女人間也有義氣存在。

試著不忍耐的練習　NO

　　近期英國《經濟學人 The Economist》公布的「玻璃天花板指數」中，韓國在 OECD（經濟合作暨發展組織）29 個國家中敬陪末座。玻璃天花板指數綜合評估了「女性勞動環境條件」，包含「教育、經濟活動、薪資、晉升管理階層、晉升高級主管、參與政治、育嬰假」等項目。其中瑞典以八十分獲得第一名，緊追在後的是挪威、冰島、芬蘭。而韓國是二十五分，比平均六十分還低了四十分之多。

　　美國銀行 Bank of America 預估，如果真正達到了性別平等，那麼到了 2025 年將會創造出二十八兆美元的附加價值，不過同時也有人指出若要真正消除不平等，起碼要花上兩百零二年之久。有鑑於女性爭取一百年才得到參政權，就能感受到兩百年這時間的重量。我認為所有人都有責任讓這一日更早來臨。

不惜在公司飯局露事業線的女部長

我認識的一位女部長會在「特定的酒席」整個人出現一百八十度的轉變。那位部長跟員工一起喝酒時，酒量可以說是無限大（燒酒、啤酒、洋酒樣樣來），但奇怪的是，只要現場有男性主管，她只要三杯燒酒就不行了。

平常享受菸酒、滿口髒話的部長，到了酒席之間就成了「風情萬種的女子」。首先，會從脖子往下解開襯衫的前三顆鈕子，鬆開原本束得緊緊的頭髮。一杯黃湯下肚後，聽到什麼話都會笑得花枝亂顫。接著，再喝一杯，頭就會輕輕往旁邊靠過去：「唉呦～我們常務*真的好辛苦喔！」差不多喝到第三杯的時候，就到了這場秀

---

* 指「常務理事」，約等同於台灣企業的「執行董事」或「常務董事」。

最令人不敢正眼直視的景象：

「朴部長辛苦了！」

她會趁著低身為男主管倒酒時，露出胸前風光，然後輕撫對方的手，說：「有苦衷就要跟我們說啊！」最後一擊則是發出嗲到不行的聲音：「歐巴～不要管這些人了，我們去續攤好不好？」

我其實很心疼她。因為很明顯，她是透過這種反覆的「續攤」才能維持工作上的地位。要在酒席間成為另一種模樣的女人，工作才會順利，她這套方法在男性之間相當吃得開（幾乎所有的男主管都想跟她一起喝酒）。不過實際上她似乎不以這個戰術自豪。當她問：「你們都知道昨天喝酒的時候發生的事吧？」我們就要尷尬地別過頭去說：「喔喔！我昨天不小心喝太多了，什麼都記不得耶！」

並不只有這個部長會在特定酒席上進行性魅力的展演，我認識的許多女職員在喝了酒之後也會自動變成這樣。

就算跟主管之間有難以解決的問題，在唱 KTV 時也會毫不猶豫地去當主管的舞伴，甚至會突然嬌弱地抖動肩膀抽泣。而比出手指愛心只是基本款，很多人還會學幼兒大舌頭講話：「醬醬、釀釀。」甚至有人會藉口說太熱了而脫衣服，或是跳起令人傻眼的性感舞蹈。總而言之，這些行為舉止都是在吸引男性，表現出：「我也有這樣性感、柔弱的一面～」然而，我眼前的這些女人，私下都是以「海量」聞名的，更重要的是，她們在女主管面前絕對不

會做這種事。

　　這一切的表演終究都是為了「討男主管歡心」。當她們這麼做之後，相對來說，吃虧的就是「不會表演的女人」。就有某個男主管默默地在一旁喝酒，對我和我旁邊的女人說：

　　「怎麼，妳們那邊好像都是一群不可愛的女同事耶？」

「女人和男人喝酒，不就是為了那個嗎？」

　　這些不可愛女人的哲學就是：「神智清醒時不可能做的事，就算喝醉了也同樣不可能做出來」。所以為了不要失態，我們喝再多也不會醉。就算已經臉色蒼白，只要還能偷偷吐掉酒就好，我們的生存哲學是「不能失態」。

　　特定女同事和男主管之間的「表演」，對我們而言已經是歹戲拖棚，讓人厭煩。若是男員工，他們不會因為喝醉就對女主管投懷送抱，稍微具備基本常識的女主管也不會期待「男性會主動靠近她、碰觸她」。

　　迪肯大學 Deakin University 的艾瑞克・寇寇納斯 Eric Koukounas 教授做過一個實驗——「當女生面前放著一杯酒時，大家會怎麼想呢？」研究小組找來 147 位男女，讓他們看同樣一對男女聊天的兩支影片，不同之處在於，影片 A 的女生前面放著一支「酒杯」，影片 B 的女生前面則放著一個「水杯」。影片中的對話經過消音處理，所以受試者聽不到任何聲音。不過，當研究人員

問：「請問影片中的女人像是在誘惑男人嗎？」或是「請問你覺得女人想和對方發生關係嗎？」多數人回答影片 A 的女人應該有那個意思。

「女人與酒杯」這個組合得到了近乎一致的結果，令人衝擊。研究小組更把結果放在強調「實際上這並非當事者的想法，是集體意識下出現的解釋」。而且這個解釋偏向男性視角或男性共通的想法（影片 A 中的女性被解讀為看起來很輕浮），實驗結果換句話說就是，在這個社會上，身為女人，只不過是旁邊擺了一支酒杯也會被賦予眾多遐想。

正因如此，更增添我對「酒後就變樣的女人」的厭惡。她們非自願的性魅力展演已經夠讓人討厭，除了沒什麼創意之外，這些大尺度的行為，更讓男生堅信這都是「女人的本性」。

或許還可以思考的是，為什麼這些人喝醉後的表演意外地沒什麼創意？這些人明明就想對主管皺眉、指指點點，為什麼要表現出另一種樣子呢？我只佩服她們不會在跳舞時表現出任何在憋尿的窘況（明明酒喝多時就會想尿尿啊）。而且，為什麼男主管不能坐在女人的膝蓋上，而是女人得像貓一樣坐在他的腿上呢？（當然兩個都不太好）

而且就算透過這些表演能得到一些重要情報，但這也只是應急的，並非根本的解決之道，真是一個荒腔走板又令人悲傷的事

實。女人為了能跟男人保持緊密的關係，必須持續做出「奇怪的表演」，儘管能因此加入「男人的行列」，但為了達到那些目的所做的行為，都成了一種烙印（我就是在說那個部長，或許事實是，她就是那種女人）。

更離譜的是，她們還會阻擋前途一片光明的女性晚輩。她們會對著晚輩說出例如「金小姐，妳倒酒看看！」「女人就是要溫柔一點啊！」這些話，而晚輩是無法回嘴的。她們很清楚自己是怎麼走過來的，所以當晚輩做不到時，她們還會生氣地說，稍微取悅一下有那麼難嗎？

某天我和一位女前輩在餐廳吃飯（她也是喝酒之後會開始解鈕子的女人），正好看到一則「公立醫院護士脫衣表演影片曝光」的新聞，她說：「天啊！太下流了吧？怎麼會有這種事？」接著又說：「我應該沒有那麼誇張吧？」然而，我不喜歡她避重就輕地認為「至少自己沒有脫光」、「沒有像某個部長露出整個胸部，所以還好」。

那位前輩的話語也讓我萌生出一個想法，我想拍個名為「性魅力展演的蝴蝶效應」影片。女人，妳可知道妳今天做出的奇怪表演，會讓某些人加深刻板印象，讓他們往後愈加期待女性做出這種奇怪的行為。這種錯誤形成的認知，會持續讓男性對女性提出錯誤的要求和先入為主的偏見。

於是，我主動拒絕參加今天的聚餐，因為已經受夠了女部長的

行為，也受夠了許多喜愛她做出那種行為的男人，我寧願回家泡個澡、早點睡覺。要不然，我乾脆報警處理算了？

「警察先生，OO 公司附近的酒店裡面，有一群男女做出妨害風化的行為。麻煩把在那裡半裸的女子和笑得開懷的男子統統抓走。最近的年輕人都在外面搞一些不乾不淨的事，水準實在有夠低的。你們要不要過來看看？星星之火可以燎原，這種玩火的行為不是開玩笑的！」

試著不忍耐的練習　NO

大部分的人都是在二十歲左右開始學會喝酒，但我沒什麼印象自己曾在大學時期喝酒。可能因為是讀女校，所以幾乎都喝茶，就算跟愛喝酒的人一起，也不會被灌酒。

我對「酒」產生負面印象是從進公司實習開始的，當時某位女協理說出許多讓我感到很衝擊的話：「妳等一下要去那位男部長旁邊，幫他倒酒」、「這就是妳在社會上打滾需要的能力」。後來她乾了一杯燒酒之後，比了一個要我喝下去的手勢，但我都沒有照做，結果後來的三年她都特別不爽我。

不過，那又怎樣？與其要我遵照那種陋習，我寧願被當成討厭鬼。比起被冷落而獨自流淚，看到她們勉強自己演出那種戲碼更令人鼻酸。

「職場屎人」鑑別術

　　這已經是老調重彈了。不管哪個公司，我想都會有「屎人」。而像我這樣的人，或許會被公司貼上「意見特別多」的標籤，所以我在寫下這篇之前煩惱了一陣子，但我最不甘願的是聽到有人告訴我：「會有這樣的爛人也是難免的啊」，每次聽完我就悶到快爆炸，所以還是決定寫下這段「屎人見聞」。

　　我盡可能保持理性地寫下「屎人」五年來的行徑，我的重點是要教你洞察「屎人」的特徵——淨做些爛事，但絕對不會讓你發現他們本身就是一坨屎。

土壤分析期：屎人的情報蒐集能力一流

　　這是我在前公司時發生的事。這位「屎人」比我早八個月進公司，是個三十五六歲、經驗老道的課長，我剛進公司參加迎新活動

時，她忽然走到我身邊，對我說：「在公司裡面，重點不是會做事，更重要的是妳跟誰的關係比較好。」

當時我並不知道那段話究竟想表達什麼。不過現在回頭來看可以充分理解，因為在職場上「階級劃分」相當明確。如果一進公司就能空降高層，就是「金湯匙」；如果本身資歷豐富或是進入實力雄厚的分公司，就是「銀湯匙」；儘管不太會做事，但如果也沒有被發現，就是「銅湯匙」；沒有後台，只是很有主見的人，就是「土湯匙」。

後來才知道，原來屎人的先生在公司裡人脈很廣，所以很容易收集情報。屎人會早早掌握即使身為一坨屎也能氣焰囂張的機會，並且巧妙地抓住它。

便便聯合期：屎人會認出屎人

屎人一天的行程相當單調，每天早上會先打電話問先生：「最近哪一派失勢了？」然後下午就忙著聯絡對方出來喝酒。在她辦公桌另一頭的我心想：「那樣做可以改變什麼嗎？」不過，果然屎和屎之間具有某種奇妙的吸引力，有一個剛失勢的傢伙上鉤了。而我根據小道消息得知，屎人其實很有野心，而且非常討厭她的頂頭上司，也就是協理。

跟失勢者勾結後，屎人的行為也越來越大膽。每當協理不在時，她就會在自己位置上大聲講電話：「部長，可以幫我弄個位置

嗎？」或是假裝自言自語卻讓所有人都聽到：「我會清除掉擋在我眼前的所有東西。」過沒多久，「協理 A 了公司的錢」的傳言滿天飛，而屎人看到我驚訝得目瞪口呆的樣子，笑了好一陣子說：「妳真的太單純了！」

便便擴張期：一邊諂媚、一邊搞小團體

有趣的是，我們所有人都知道屎人幹的好事，卻什麼都無法跟協理說，因為個性難搞的協理非常信任屎人，屎人打從進公司以來，就像吃了蜂蜜一樣，總是說出各種花言巧語來灌協理迷湯。甚至會一整個禮拜都陪同協理一起吃飯、一起下班、甚至搭同一台車回家。

就在屎人蒙蔽協理眼睛耳朵的同時，屎人的心腹也開始執行任務。就像複製貼上一樣，他們把許多關於協理的負面消息一字不漏地在全公司散播開來，為了能徹底搞垮協理，把部門分成兩派。屎人甚至在很早之前就透露消息：「以後我會調到更大的部門，抱歉沒辦法把妳一起帶走。」過不了多久，協理就被裁員了。而屎人跟她的心腹與更多失勢者集結成一派。

接著來了一個新協理，竟然和屎人以及失勢的部長狼狽為奸。結果只要是屎人一派做不到的事都丟到我們這邊，然而不管我們做得再好，都會變成她們的功勞；相反地，屎人就算搞砸了事情也不會被罵。為什麼？因為她們成了後台很硬的「金湯匙」。

「職場中的屎味」就這樣以令人不可置信地速度蔓延著，甚至讓其他人即使聞到也得口稱是香味。她們的戰略就是，掌握權力後讓對手也變成一坨屎，這樣同溫層才夠厚夠安全，除了劃出界線，還順便把自家人洗白。

　　各位，感謝你們聽我吐完一大篇的苦水，很抱歉把這個名不見經傳的故事寫得落落長。不過，當你有機會接觸到「屎人」時，請小心，因為屎人多半是「看起來人很好」「不會做出那種事」的形象。這裡我想再強調另一個重點：「不是有很多表裡不一的人嗎？」屎人絕對不是整天「結屎臉」的。不過，你如果真的運氣太好碰上屎人的話，就說一聲唉唷，然後用力踩下去吧！

　　我曾經很好奇，公司高層是否知道屎人的真面目。一開始我認為：「應該是不知道才會放著不管。」但後來我稍微改觀了：「應該是知道卻假裝不知道。」政治圈應該也是這樣。不斷地勾結、勾結再勾結，後來變成不知道該從哪裡斷尾了。屎人大概也是打這種如意算盤吧？

　　我在寫這篇文章時，起了兩次的疹子，因為我的 DNA 讓我光是想到某些鳥事就會怒火中燒，所以屎人在我面前才會那麼直接吧？她應該早就看穿我不是會到處宣傳那些勾當的大嘴巴。

　　屎人，你的戰略真的很高招。我想，我應該很清楚妳每天掛在嘴邊的「計畫」是指什麼。託妳的福，我什麼都沒做就變成了公司

裡的衰人，淨做些別人丟下的事，升遷之日遙不可及。

嗯，在這篇的結尾要說什麼呢？如果想活得像坨讓人畏懼的屎，就得要經歷許多討人厭的事；如果不想在職場裡活得像屎，就會變成社會上的屎。這點我們都很清楚吧？沒錯，既然都講了，難道只有我不開心嗎？你應該也有被屎人殘害的怒氣想要發洩吧？或者你也有想為屎人叫屈的地方？要不要乾脆在 YouTube 上直播呢？如果你有興趣，歡迎聯絡我。觀看次數夠高的話，說不定收入可以平分喔。

試著不忍耐的練習　NO

屎人好幾次想把我拉到她那邊，一直跟我說：「承柱主任，妳也太固執了！妳瘋了嗎？」我被一個瘋子說是瘋子，真令人不爽。我心平靜氣地笑著回答她：「沒錯，我就是瘋子，不過真正的瘋子是不會耍心機的。難道自己沒辦法成功，就可以搞砸別人的前途嗎？怎樣？我就是瘋子！」當我說完這些話，還打下這篇文章，大概是真的瘋了。

如果說磁鐵是異性相吸，那麼 N 極的瘋子和 S 極的瘋子是會臭味相吸，還是相斥呢？

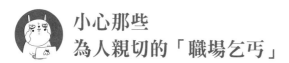

小心那些
為人親切的「職場乞丐」

　　我對 K 課長的第一印象非常好，她是個非常溫柔的人。在我還是新人的時候，她曾經對我說：「不管有什麼事都可以跟我說，我可以幫妳。」這句話對於剛轉職的人來說根本是天降甘霖，畢竟，從已經待了一陣子的前公司離開，就像遊戲破到第十關，終於可以建築自己的王國，結果又回到開墾荒地的階段。這時候通常會非常感謝新公司同事的照顧。

　　K 課長的話完全融化了我，她還常常來我的位置附近、關心我的工作狀況。天哪！怎麼會有這麼好的人！我真的很感謝她。

　　因為密集的相處，我也開始瞭解許多關於 K 課長的事。她好不容易才進入公司，只花了短短兩年就升職，她說自己經歷了許多委屈又丟臉的事，但她仍然像故事的女主角一樣挺過來了。為什

麼？因為很不幸的，她先生是個滿腹理想卻賺不了錢的音樂家（她每次提到這件事都一把鼻涕一把眼淚的）。她堅持了十年，終於在這間公司建立穩固的人脈，成為這個品牌的權威人士。儘管這個故事情節我已經聽過數十次，但我每次都很認真地傾聽，因為我把她當成了朋友，也很同情她。

不過某天，我發現我竟然在幫她做……她分內的事？就像被她下了咒一樣。她總是哭喪著臉說：「這個我不會耶……」然後輕輕把會議資料放在我桌上就走掉。

等一下！不是說她是這個品牌的權威嗎？

讀到這裡的時候，你是不是也想到了某個人？恭喜你，你也完全上當了！同情那些打悲情牌的「乞丐們」，結果就是自己熬出熊貓眼。乞丐給人的第一印象通常還不賴，不只長袖善舞，還有點幽默（我又想起曾經跟 K 課長一起打鬧、開玩笑的回憶），不過，當你瞭解他們積極接近你的原因，就會覺得毛骨悚然。因為他們就像寄生蟲一樣，會一點一點吸取宿主的血。而且他們還會快速判斷要寄生在誰身上，通常主要目標是「很有同情心的人」。就是那種會全心全意幫助別人變好的人。

不過弔詭的是，當我們在乞丐碗裡投下一枚零錢後，乞丐卻開著賓士車回家，還住在帝寶等級的豪宅裡。

甩掉乞丐所需時間：一年半

發現自己的同情心被利用是件讓人非常不高興的事。我也不例外，某天我發現明明我已經做完自己的工作，卻回不了家。我說：「今天要跟我女兒的學校老師見面，我得下班了……」

「唉唷～我看不清楚電腦上的字，妳可以幫我填一下這個 Excel 表嗎？」

她私底下拜託我的部分已經嚴重影響我本來的工作了。一開始我是心甘情願幫助她的，但漸漸變成憤怒。尤其她從下班前四個小時就開始閒晃，而且在幫她做完所有事情後，她「一點要報答我的意思都沒有」。我還發現她的宿主不只我一個，她之所以能這麼輕鬆省事，就是因為有這麼多像我一樣的宿主合力協助。

德國心理學家莫妮卡・維特布魯姆 Monika Wittblum 整理了乞丐常見手法。第一步：建立信賴，第二步：獲得關注，第三步：引發同情，第四步：徹底利用。哇！果然是心理學家，能夠如此有邏輯地說明我的遭遇。不僅如此，這位心理學家還犀利指出一個乞丐常見的型態，讓我聽了更揪心肝。那就是，她會平均對身邊的人施予同樣的魔法，這樣才能不被別人看穿。

有一次，我忍不住在酒後說了 K 課長的壞話，接著就聽到好幾個和我同樣遭遇的故事。「她一直來拜託我，跟我說她不會做。」「她會先稱讚妳聰明，然後一副很喜歡跟妳湊在一起的樣子！」「對啊！我上次拒絕她約的聚餐，她就氣得跟什麼一樣。後

來有事的時候，又可憐兮兮地說什麼我只能拜託妳了⋯⋯」

我這時才深刻體會到我對 K 課長的同情心完全是個錯誤。我和那些被 K 課長利用的主任級同事才是真正的可憐人（唉！這大概就是在大公司金字塔裡的詛咒吧！）。

心理學家普遍會把這種職場乞丐的成因歸因於成長背景：因為他們在擁有一切才能滿足的三、四歲時期，父母並沒有約束他們，而是過度滿足了他們的需求。以這個角度來思考，或許就能對她的怪異行為睜一隻眼閉一隻眼了，因為這就跟四歲小孩嚎啕大哭耍賴一樣。

不過，拜託、拜託、拜託！他們就是個乞丐。在「施與受」這麼清楚的社會中，說穿了他們就是個只想得到、不想付出的壞蛋。在我為了她而熬夜工作、只能吃超商飯糰迅速果腹的瞬間，她就已經不是我的朋友了。說不定她還早早下班，然後心裡想著：「這個人也太好騙了吧？」

再也不需要把零錢投進乞丐的碗裡。我們要儘早對他們喊出：「不要太過分了你！」當然這並不容易。因為他們為了從我們身上得到些什麼，已經先進行了長期投資，要趕走他們就像要拔除黏在身上的水蛭那麼難。

後來，我對 K 課長說：「不好意思，這次我無法幫忙。」她當然不會輕易放過我：「欸，妳怎麼突然這樣？」不過，絕對不能動搖。之後 K 課長還是繼續纏著我，軟硬兼施，一邊哀求一邊威

脅，甚至還讓主管來施壓。（部長說：「你不要小看 K 課長的人脈，幫她一下嘛！」）我還是無動於衷，於是，K 課長終於自行脫落了。整整花了我一年半！

前面提到的心理學家莫妮卡·維特布魯姆還給了一個建議，在對付職場乞丐時，需要「犧牲者的團結」，也就是只要受害者同心協力，就能輕而易舉讓乞丐遠離。

在我嘗試反擊的過程中，最明確的事實就是：「乞丐絕對不會改變。」畢竟，他們好幾年都不必親自去抓獅子，卻還是能吃到好吃的肉，因此現在要他們自己動手根本是不可能的事。

「滾出我的人生吧！」向乞丐道別時，請用這句作為開頭。

別擔心，即使不丟零錢給乞丐，也不代表你是壞人。

試著不忍耐的練習 NO

主動跟乞丐絕交需要勇氣，但更絕的是讓身邊的人趕走乞丐。

當時有個晚輩 J 做事能力強，連人品都非常好。由於她有耐心又有禮貌，公司裡連一個討厭她的人都沒有。她也忍耐過一個跟 K 課長很像的乞丐，大概過了六年才聽到她難過地訴苦：「P 前輩讓我有點累。」聽見那句話時，所有人都表示對 P 很不滿。

協理立刻威脅 P 前輩，而隔天 J 就調離了 P 所在的地方。沒錯，忍耐到最後，那份美德終究會有發光的一天，而且自己的手上不會沾到任何一滴血。當然這有一個大前提：你得先確定其他人也懷抱和你同樣的憤怒！

面對「不定時炸彈型」主管，我受夠了

　　我待過三家公司，在各式各樣的主管底下工作過，其中我覺得最難的類型就是「不知道什麼時候會爆炸的人」。如果是喜歡假裝自己能力很好、或是對一切都抱持消極想法的主管，這類都還算是「一般般」。但如果是面對「不知道何時會爆炸的人」，就會讓下屬時常提心吊膽，因為無法瞭解對方為什麼會生氣、又會怎麼發洩怒氣，全身被無力感所籠罩。

　　我接觸過的主管中，這種類型的人大概有兩位。他們就像不定時炸彈般，隨時會發出倒數的聲音，搞得我們處在崩潰邊緣，偶爾來幾句言語暴力就能把我們推入深淵。

其中一個是一位女協理，長相和善、穿著時尚，也很有品味，尤其聽說她之前在很難待的外國大型廣告公司，還能以極快的速度升遷，所以大家聽到她上任都非常期待。

不過通常在這種眾所期待之下，結果都好不到哪裡去。這次也是一樣，平靜的辦公室裡一傳出她海豚音的瞬間，所有的空氣都凝結了。

「這種東西也算報告嗎？」（原本此起彼落的打字聲立刻消音），這時被責備的對象尷尬得試著緩頰或是解釋：「協理，不要只看第一行，請看看整體的概念和……」

原定十分鐘的短片被改成長達五小時的驚悚片！我不祥的預感成真了。女協理大喊：「拜託你好不好，金課長！」接著她調整呼吸，表示等一下還會繼續咆哮，直到完全 KO 對方為止。之後的一整年，金課長都是「協理的專用出氣筒」。

另一個不定時炸彈是一位男協理。他的長相算是討人喜歡的類型，還散發出寬宏大量、正直的氣息。不過他其實是更危險的人物。他比那位女協理更善變，而且情緒化到不行。有次他的秘書三十分鐘前才通知他要參加會議。所以當他「氣喘吁吁地到達現場」之後，就每隔五分鐘打電話給身在另一個樓層的祕書，總共打了十次，狂罵那位秘書，連「你是不是把我當白痴」都出來了。

如果要跟這個協理共事，必須做到百分之兩百完美。從不能提到會讓他敏感的私事、其他部門協理的近況、特定的動物、品牌還

有股票，甚至報告的行距、錯字、香味，這些都要一一確認。就算已經做到這樣，偶爾還是會失敗，就是當他一開始是笑著看報告，直到看到某個項目，表情卻突然變得凝重的時候。這時，如果是兩人獨處就更可怕了，我甚至擔心自己會不會有生命危險。

透過「折磨我們」來刷存在感

通常這種人很容易成為公司裡的「高階主管」，而且老闆會對他的破口大罵置若罔聞。因為全公司都知道：「就算他破口大罵，公司的運作效率也不至於受影響。」但我們不是因為「喜歡」才去做，是因為「害怕」才聽從。就算是如履薄冰，但也沒有看過這麼薄的冰啊，如果能稍微知道該避開哪裡、怎麼避開就好了。講白一點，這樣的主管心裡根本住著一個瘋子，不管我們再怎麼努力也無法吻合他的標準。

忍耐也是個辦法，例如某天，C 主任跟男協理聊到了領帶，他說某牌子應該很適合協理，就踩到協理的雷了。協理立刻激動起來：「我看起來有那麼俗嗎？這樣一看，你的眼光真的很糟耶！啊！難怪連寫個報告都沒有頭緒？」

私人對話轉變成公事上的人身攻擊。原本受人尊敬的 C 主任在當時選擇閉上嘴巴，默默吞下協理的侮辱。協理足足咆哮超過三十分鐘才結束，後來 C 主任回到位置上，對那些擔心他的同事說：「沒關係啦，說不定協理是因為自己個人的事情才生氣的。忍

耐一下就沒事。」

我覺得 C 主任的話只對了一半。對的部分是「協理可能是因為自己的事情才生氣」，但實際上協理生氣的原因總是撲朔迷離。在工作上，協理會因為我們不知道該往哪個方向執行而生氣，實際執行後，他又會質問我們「這樣做對嗎？」然後又發火。即使是聊公事以外的事，他也常常忽然發飆（連開玩笑也是板著一張臉）。

心理學家也指出這種「毫無標準就發飆的人」不過是「想透過踐踏我們的超我來刷存在感」。根據佛洛伊德的論點，我們的自我會在本我原始慾望和超我良心中不斷拉扯。假如「本我」現在想吃冰淇淋，但「超我」會考慮到冰淇淋的糖分過高，對健康有礙。而這種陰晴不定的上司，就會想征服我們的「超我」，當我們對他提出的奇怪要求照單全收時，只是讓我們顯得更狼狽而已。

C 主任就是男協理的出氣筒。只要稍微安靜一下，過不久就會聽到以「C 主任」為開頭的吼叫，那個叫聲太頻繁、太響亮，我到現在彷彿還聽得到。「喂！太無聊就過來給我踩一踩！我現在正想找個人出氣！」

和不同等級的瘋子上司該如何相處

有專家表示：「他們生氣的原因是為了隱藏自己的不安。」接著提供以下對策：

第一，找一個他不熟悉的地方，坦誠說出你的不舒服（不熟悉的環境會降低他們的權威）；第二，適當地稱讚他來讓他放下戒心，然後說出你的期待；第三，把他當成綠巨人浩克，當他又胡亂發瘋時，就像照顧小嬰兒一樣在一旁看著他，在他消氣前都不要採取行動。

　　嗯，我不知道以上方法行不行得通。但我認為讓我緊張到心臟麻痺的這些人改變的機率是「Never、Never、Never」。我認為，面對火爆的人，絕對不能從「安撫他們」開始。必須徹底以「我」為中心來思考，先以一個條件句來思考：「這種奇怪的傢伙，誰受得了？」那麼可能是以下幾種狀況——

　　第一種狀況：會那麼常發火的人，或許起碼是個負責任或是能給你建議的領導者。那麼可以稍微忍耐他，他應該是個公私分明的人，生氣或許是有正當理由的。

　　第二種狀況：雖然他氣到不行時無法聽取他人的建議，也無法給你建議，但至少他還是個負責任的主管，那麼可以忍耐到某個程度為止，當他無法接受他人的建議時，就不要和他硬碰硬！反正，最後要負全責的人是他。

　　第三種狀況：他已經氣到破口大罵了，不只無法給你實質的建議，也無法承擔責任。那麼答案很明顯了，離開吧！千萬不要一邊寄望著遙遙無期的事，還一邊承受著高血壓和糖尿病的折磨。

　　就算你很幸運，沒有罹患任何慢性病，也可能會有掉髮或胃潰瘍的狀況。就算你真的很幸運，什麼病都沒有，身體卻可能會變成

承擔所有業務的垃圾桶！

可悲的是，我遇到的火爆上司幾乎都屬於第三種。

因此，我反倒給你一個直接的建議，為了你的生命安全著想，在罹患慢性病或心臟病之前，離開那裡吧！那裡已經變成地獄了，再怎麼高超的策略都無法讓你理解他那如雲霄飛車般的情緒反應，所以當然要早日揮揮衣袖離開。不對，不應該說是「離開」，應該是你「拋下」了那裡才對！

試著不忍耐的練習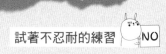

比起「個性令人抓狂」，更多的主管是「對工作瘋狂」。因為他們是真的希望工作可以做好，才會反覆做出瘋狂的舉動。我曾經看過一個主管在距離發表日只剩一天時，突然說要修改兩百頁報告的方向，事實上那份報告從第一頁到第兩百頁都是他親自熬夜修改的。雖然我心想：「他何必這樣自討苦吃？」但在這樣的主管底下工作，確實能學到東西，不只是銳利的眼光和責任感，還有那驚人的好勝心！

我曾經遇過一個我覺得太瘋狂的女主管，但當我離職，實際成為廣告主的時候，發現我最想合作的對象就是她。那種為了工作而堅毅到瘋狂的程度，其實讓人很激賞。有句名言說：「癲瘋就是顛峰。」這句話對他們來說應該是讚賞。

職場同事能情同家人嗎？

　　偶爾公司同事們會一起合寫卡片。「親愛的崔課長，祝您生日快樂……」輪到我寫的時候，當然也會看看別人寫了些什麼：

　　「希望課長明亮的笑容能越來越燦爛……」

　　「今天也辛苦了！找一天一起去喝酒吧！」

　　「哇！今天真是值得慶祝的日子！」

　　我看著這些句子時，心想：「人生好難，擠破頭才想到這些東西。」如果壽星是一個很棒的人，就沒必要像這樣合寫一張卡片，只要幾個要好的同事約好一起吃飯或喝酒，開開心心慶祝就可以。這張卡片，只不過是為了在上位者而進行的儀式。

　　會不會倒不如這樣寫更好：「課長！祝您今天生日快樂，希望至少今天不要講些屁話，也不要在開會時逃走！」

不過，有位職場上的前輩曾經對著大家說：「我們是一起從上午八點工作到下午六點的夥伴，比家人還親近耶！」我實在無法理解。「拜託！同事怎麼可能比家人還親近？我肚子痛到要看醫生時，還要看你們的臉色請假。家裡在準備祭祀時，你們把聚餐合照傳到群組，只有我不在裡面，怎麼還說得出那種話？」

還有一次，我讓女兒免費擔任平面廣告模特兒，但並不是因為我想要當星媽，是因為我是廣告負責人，但是那一年能用的預算少得可憐。簡單來說，我女兒是我透過人脈免費請來的資源。而且在拍攝現場說有多辛苦就有多辛苦。她只是個五歲孩子，不是專業模特兒，連叫她乖乖坐在椅子上都很不簡單。「小朋友，這是牙刷廣告。要把嘴巴張得大大的笑喔！很棒！然後開始把牙刷放在嘴巴裡面，對！很棒！」中間還穿插著我的大吼大叫。我女兒動不動就想離開坐位，我覺得自己快要崩潰了。為了那一張照片，我還跟工作人員示意磕頭，三個小時都如坐針氈。

慶幸的是，平安無事地拍完廣告，而且大家的反應也很好，但是，我卻受到極大的打擊，再次證明了「同事絕對不比家人」。

話題是從「一百萬」開始的。我猜大概是高層主管開會時聊到：「這次廣告效果很好耶，聽說是員工的小孩擔任模特兒，是不是至少要補貼個一百萬？」（專業兒童模特兒一年廣告費大約韓幣四百萬元）所以當經理問我想要什麼禮物，我好幾次都是回答：「要不然就買一套兒童讀物好了。」

就是從這時候開始，「公司裡的家人們」開始舉起反對旗。

首先傳來各種訊息：「承柱主任，聽說這次妳拿到公司的禮物？誰決定的呀？妳是不是本來就想要那個禮物啊？」「為什麼妳要收下呢？不應該收的啊！真的很好笑耶！妳當初明明說過不會收的。」

奇怪的是，這些都是我認為平常「很要好」的同事。常常一起吃飯、聊天、不顧忌地聊私事。但他們現在卻像看到獵物一樣瘋狂攻擊我。是因為嫉妒嗎？這狀況真的讓我覺得非常荒謬。如果他們聽到我帶自己的孩子來辛苦拍廣告時說的是：「小朋友還乖嗎？順利嗎？聽說拍了超過三個小時，很辛苦吧？」我現在應該不會那麼生氣。

這些「假裝是家人」的人令人憤怒，這讓我更想要收到公司回饋的禮物。不過我到現在都還沒收到。部長說：「如果要給妳，就要擬出名目來，可是現在沒什麼可以擬稿的理由。」（那麼每個月提報的部門預算到底是用在哪呢？）到現在已經滿一年了，我還是沒收到禮物。託他們的福，我變成對女兒說謊的不誠實媽媽，明明沒收到禮物卻還要一直費心找藉口。

面對這種狀況，部長卻還不時對我強調「家人的重要」。「承柱主任！這件事可以請妳趕快幫忙處理嗎？我們就像家人一樣不是嗎？這真的很急，明後天一定要處理完喔！」

去你的家人！如果家人的定義這麼薄弱，世界上就不會有那麼多歌頌親情的作品了。

在公司裡，「我們是家人啊」的時刻還有這些：

「這件事很急！叫主任的女兒趕快過來！」、「我們要收公司聚餐費用了！大家都自家人，趕快把錢給一給吧。」、「哈！這次我終於升職了！大家都是一家人嘛！要請我吃飯喔！」、「我想要能被經理注意到，部長，我們就像家人一樣不是嗎？幫個忙吧！」

剛剛好的距離才美

有一陣子我在想，如果好好栽培後輩，是不是能從下而上改善這種很表面的現象。不過栽培後輩並不容易，比栽培我自己的小孩還難，不是，應該說更不可能。當然不是所有人都是這樣，但最近的後輩很狡猾，他們非常瞭解「可以期待前輩什麼、可以撈到什麼好處」。所以每次我對他們提出要求時，常常會覺得他們忘恩負義，或是無法理解他們的行為。

三年前有個很可愛的後輩，我平常都在她難過時請她吃飯，也聽她吐吐苦水。某天我要求她：「妳跟大公司開會時，瀏海不要用髮捲。」結果她就發脾氣了。用很無辜的表情哽咽地說：「為什麼要這樣兇我？妳平常不是對我很好嗎？」我一直不斷跟她說不是這樣，但我們中間就像有著巨大的鴻溝，這個鬼打牆的對話維持了三十分鐘。我清楚體會到，這就是軟土深掘吧！

還有一個阿姨，在國內工作十年後，又被外派工作了二十年，她說的話再次點醒了我（沒辦法把三十年的驚濤駭浪都說出

來）。「家人什麼的通通都是鬼話！可以得到利益才會裝好人啊，妳工作這麼久了，竟然還期待這種事？真是瘋了，現在還搞不清楚狀況！」

所以我再次恢復理智，把重心放在自己身上。當大家聽到某人考到汽車駕照，就一擁而上約吃飯慶祝時，我只是在旁苦笑想著：「不好意思，我不想再浪費我的感情和時間。我倒不如回家念故事書給小孩聽。」

我認為，比中樂透機率更低的就是，期待公司成員能給你像家人般的溫暖。同事能情同家人？根本是鬼話連篇。

試著不忍耐的練習 NO

一直配合「假的家人」，到後來勢必會疏忽「真的家人」。當我為了再次得到主管的稱讚，而在週末早上一直滑手機（以找靈感為藉口）時，孩子就會唸我：「媽媽，不要再看手機了啦！陪我玩啦！」先生也會偶爾吐露不滿。因為連放假時都還在不斷接電話，先生生氣地問我：「公司為什麼要這樣要求你？」對啊，這一切都不正常，連休息時間都把我逼得緊緊的，算什麼家人啊？我還是好好照顧能讓我說出真心話、寄託我疲憊內心的「真正的家人」吧！

別再對我說：「你為什麼做不到？」

　　作品曾被改編為電影的韓國小說家金英夏曾說：「我都會叮嚀我的學生不要太常用『煩』這個字眼。我希望他們可以更清楚地表達自己的情緒，是生氣？厭惡？還是焦慮？」

　　作為金英夏作家的粉絲，我是很想採納他的建議……，但這件事情我只能用「煩死了」來表達。

　　「加油啊！更努力一點才可以！我相信你只要願意努力，一定可以做到！」我們從小都是聽這些話長大的對吧！然後長輩就會接著舉出幾個非常了不起的例子來。比如某某某一邊在工地做粗活、一邊念書，後來以榜首身分考上了第一志願；有個家境清寒的人戰勝了癌症，後來還進入國際投資公司上班這類激勵人心的故事。不過說真的，欸！這太吃力了吧！

求學、就業，還有就業之後的狀況，這些將「努力」奉為圭臬的所有勵志故事，彷彿是要大家成為「藍斯‧阿姆斯壯 Lance Armstrong」，沒錯，就是那位戰勝睪丸癌，並在世界自行車比賽上拿下七連勝的英雄。

偶爾我老媽也會說：「妳要努力工作！再努力一點，下次就是升妳了！」我想藉這個機會跟她說：「媽，光是進入這間公司，已經是比參加一百次鐵人三項還要難的事了。妳說的好像撿起掉在地上的花生一樣簡單，職場生活有那麼簡單嗎？拜託！」

大家在職場上都很辛苦，尤其女性更辛苦，因為會遭受到「看不見的歧視」。希望看到這裡的你，不是那種會跟我說「至少你們女生不用當兵」的人。在韓國社會中，女性可以說已經輸在起跑點上了，在公司這種組織裡，雖然有保障女性工作環境的規定，例如「公司裡面至少要有幾位女主管」，但現實是，公司在決定去留的最後一刻，多少還是會想：「還是留男的吧？」所以，男性和女性不必再吵了。

「你為什麼做不到？」這句話隱含的暴力

其實比這句話更可惡的是，用負面的角度去解讀「被歧視的人」。他們會批評說「妳真的很憤世嫉俗耶！」或是「妳真的有因為是女生所以升遷受阻嗎？沒試過就這樣說，也太弱了吧？」然後也會聽到：「可是我就有認識某個女的主管啊！」

我不想把故事講得太仔細，因為轉述那故事本身就是一件沒意義的事，那些人一貫的反應就是念出以上那幾句「咒語」來回答女性提出的抱怨，如果又有人表示反對意見，他們會認為那是「個人的」不滿和怠惰，並且直接忽視。

記得有次我向主管抗議：「這個案子從頭到尾都是我企劃跟撰寫的，卻被男同事搶走報告的機會，請告訴我為什麼？因為我是女生就可以被忽略嗎？」他立刻回我：「哪有那種事？妳怎麼把社會想得這麼險惡呢？韓國總統*也是透過合法手段被罷免的啊，妳這樣講對嗎？李主任，妳仔細思考看看妳哪個部分要加強，哪個部分要再努力，好好反省吧！」

我不會假裝反省，也不會沒必要地自責：「唉，都是我的錯，早知道應該做得更好。」才不會有這些聲音出現。我過去曾經這樣想，但現在我不再那麼想了，反而會在持續發生同樣的事情時，不自覺冒出疑問：「為什麼您都沒有思考過關於我說公司內部很奇怪的部分呢？之前到底是誰跟我說要『正面看待組織中的問題』呢？」

我厭倦了無極限的正向積極

某個社會學家說過：「當人們過度關注那些表現特別出色的

---

*　譯注：此指朴槿惠。

『例外』時，就會開始說服自己要達到某個目標，過程必定會忍受許多痛苦，結果就是讓一般人活得更接近煉獄。有些人甚至特別崇信『例外』。」

我就遇過這種人。

曾經有個流行語在韓國紅極一時，叫做「老頑固（꼰대）」。被形容為「老頑固」的人，會把自己的生活經驗或幾個生活中的單一例子視為「真理」，他們會反覆地說：「依我的經驗……」、「我看過……」然後試圖啟發別人，但他們本身卻讓人感到難以溝通。要成為他們口中的「例外」，對我而言就像要我獨自一人築起萬里長城一樣。

但是那些在暗中要設計陷害她的傳言都是真的，我們公司內部也常常舉辦講座，雖然很多人說的內容發人深省，但也有些演講一聽就知道太刻意了。特別是邀請一個成功的女 CEO 時，彷彿可以聞到「我們公司應該塞給她很多錢」的銅臭味，為什麼呢？因為她們通常會向台下的人這樣說：「我可以理解妳們，不過我待過比妳們更差的環境……」然後結論通常都是「但，我還是成功了！」每每聽完這種演講，我都會盯著剛剛點頭如搗蒜的主管看，心裡對他咆哮：「這根本是一場洗腦大會！為什麼要逼我們抱持這種怪異的正向積極？」

同為女性的你或許也想問，成為「例外」的那一個，真的有那麼困難嗎？

我當然也曾經動搖過，結果不久後我就發現，公司最後一位女性主管已經不在了（她之前是處長、我的協理）。當她還在公司時，締造了一個例外、一個神話，讓大家相信「只要做到那樣就可以成功」，其實她的工作日常就是在會議室裡單槍匹馬面對一群要賴的男人（不對，應該用「直球對決」這個詞更精準），還好我們協理邏輯很強，嗓門又大，有次我就聽到別人抱怨：「處長！拜託妳讓我講講話好不好。」

但是在暗處要設計陷害協理的傳言不是開玩笑的。「她太強勢了，一個女人就可以壓過一群男人，這次開會我們私底下進行就好。」想要拉下她的各種明爭暗鬥太多了，結果我們這位最後的女主管，在經歷幾件慘烈的事情後選擇離職。我永遠忘不了男主管在她要離職時說的：「我們現在好不容易有點革命情感了，為什麼要走啊？」

不要再說「只要去做就一定能做到」這種話

當社會普遍以男性視角來思考時，女性就絕對無法憑自己的力量突破玻璃天花板。我聽過有女性是在流產或持續服用避孕藥的狀態下獲得升遷的，與其說她的故事是「升遷的模範」，不如說是「怪物的故事」。

「只要去做就做得到」這種在職場上自我砥礪的說法，我已經聽到很厭煩了。必須穿著漂亮的衣服、頂著一個大濃妝、把各種事務處理得非常完美，女性的這種「自我砥礪」似乎免不了在聽見「每天穿著同樣衣服來上班」的男人的風涼話中化為烏有。社會透過樹立女性的標竿（也就是例外）來讓我們更焦慮，我非常厭煩這種情況。我們必須意識到「不斷提及這些例外」的行為，本身就是一種洗腦和框架我們的、另一種形式的暴力。

試著不忍耐的練習 NO

　　先生的職場生涯算是蠻順利的，升遷得也快，即使是在他的年紀不容易經手的案子，他也成功推動了。我曾經問他：「你覺得玻璃天花板存在嗎？」他說：「難道一定是性別的問題嗎？就拿妳每次提到的 K 課長來說吧！她就很懂得政治操作，像一隻狐狸一樣，不只很能喝，升得也很快。最近不少男人的表現也是落後女人的啊！應該是個人的問題吧？」

　　我想這段話裡面真的有很多可以討論的地方。大家往往會把結構性的問題當成是個人該克服的問題。我覺得需要更多討論的是，「真實的情況」到底是什麼，以及該怎麼解決。在一個家庭中就存在明顯的認知差異，也是我們生活的世界的真實情況之一。

公司內的「不倫戀」

　　職場上的男人們，似乎在每個決定性的瞬間都會團結、擁抱彼此。基督徒哲學家柏拉圖 Plato 所著《會飲篇》提到：「男女間的愛是肉體之愛，稱為愛樂實（Eros），男人之間的愛是精神之愛，相當堅定，是更高層次的。」這句話中的「高層次」還有待商榷，但柏拉圖的分析中有一部分是正確的。男人與男人之間的某種愛，是連手段高明的女人都無法輕易介入的，尤其是公司男同事之間的愛——

　　「我覺得這部分需要請洪課長來指導一下，但是他不一定每次都會來開會……」我小心翼翼把我的苦衷告訴專案協理。洪課長是我的男主管，專案協理則是負責這個專案的管理者。洪課長每次在進行大案子都會想盡辦法脫身：「我今天心情不太好」、「我好像有點感冒了」等，用盡各種五花八門的理由。所以專案理所當然進

行得不太順利，這種時候請上級主管幫忙協調應該是非常合情合理的，但偶爾專案協理會說出令我覺得更加不合常理的回答：「洪課長很可憐耶！一個大男人要在家顧小孩，還要上班。不要太苛責他了，李主任就稍微多幫忙。」其實專案協理知道我也是家裡有小孩還要一邊上班的職業婦女，而且洪課長也不是單親爸爸，他們家是個平凡的雙薪家庭，況且他上班時都在電腦前面摸魚。因此，專案協理說他「可憐」的原因只有一個，就是因為他們都是「一家之主」，那不過是他們為自己辯解的共同藉口罷了。

男人之間這種「彼此憐憫」的心理，說穿了是在酒席之間產生的。在我最後離開的公司裡，高階主管裡面連一個女生都沒有，既有的男性主管占了八成以上，第一個會有的現象就是頻繁聚會，從高層經理到年紀最小的員工，所有人排成兩排坐著，從協理開始一如往常地說些祝酒詞：

「我先來起頭，來！我們這群人！Remember！」

「我們這群人！Remember！」

這句話的意思就是：我們直到最後都要團結，不論何時都要記得彼此。這句話從一開始就讓人覺得莫名其妙。

幾杯黃湯下肚後，大家開始醉醺醺時，就會有人出來暖場：「（A 協理突然抓住旁邊 B 經理的手）經理！我比其他人都更瞭解您的心情。我們男人、一家之主，多麼努力為公司拚命啊！大家

都知道吧？……」最後幾句話 A 幾乎是哭著講完的。目睹這場面的我，在心裡嘲笑著他們：「真的是聽不下去。」不過，緊接在後，B 經理回握了 A 協理的手，就像正在演出浪漫偶像劇一般，兩個男人凝視著彼此，時間彷彿靜止，接著四周的男人們開始你一言我一語地感嘆：「我們真的很辛苦！」「對啊！男人在職場上哪會輕鬆？」接著他們開始第一杯敬辛苦的協理和經理，第二杯敬可憐的一家之主們，然後再一杯敬孤獨的自己！聚會就這樣延續到凌晨。他們到最後也一起喊著「我們這群人！Remember！」整場聚會我都是自己一個人喝酒，呿，當我是透明人嗎？

男人是可憐的一家之主？

「一家之主」只侷限在男性，老實說就是「職場上老掉牙的戶主制」。韓國以父親為主的家庭權力關係的戶主制，因為違反性別平等，而且無法套用到其他的家庭型態，所以在 2005 年已經廢除。嚴格說起來，所有的員工都是一家之主，不管是為了餬口飯吃、維持家庭穩定的經濟收入，不管是已婚還是未婚，不分男女，大家都是扮演負責自己這個人的「一家之主」。所以沒必要因為是「男人」，就覺得自己更可憐。如果要說出每個人的人生故事，來評斷到底誰才辛苦，可能通宵都講不完。

當然，人會對於處在相同立場的其他人產生同理心。我並沒有想要指責這種「男男之間」的同理心（因為女人也會對同性產生較

多同理心）。不過尤其在職場上，「被關愛的標準」並非能力，而是性別，特別是在後台都很硬的男性權力階層當中，身為「一家之主的男人」或「將要成為一家之主的未婚男人」的表現更容易被看見，這真的令人感到憤憤不平。

就算你們否認一百次，但我不管是親耳聽到，或是有無數傳言都不乏「二十歲的女生就是幫忙倒酒的小姐」、「職業婦女只是來公司混時間的」，這種種說法又要怎麼解釋呢？另外還有，某天專案經理和洪課長對我說：「這次的升遷就讓給男生好了。老實說李主任妳不就是個某天會收拾東西回家照顧小孩的媽媽嗎？再怎麼說，給男生這樣的機會是比較好的選擇嘛！」

不過，他們的工作卻是我這個職業婦女幫他們做到凌晨的，辛辛苦苦地工作卻拿到比他們還要少的錢，而且這個事實還很常被忽略。例如在新建立的業務群組當中，男主管和男同事互相稱兄道弟，然後說出以下的對話：

同事：哥！這次我負責的專案好難喔。QQ

協理：沒關係啦～煩人的事就拜託李主任啊～！

同事：喔！對吼，李主任超會做事的。ㄎㄎㄎ 李主任～那今天就拜託妳囉。

不過當企劃書完成、跟主管報告時，他們卻故意漏掉我。

「平常就要落實平等！」這句標語，是要實現性別平等的韓國女性家族部所說的。內容非常感人，卻也十分悲傷，因為我沒有在現實社會中體驗到他們所謂的「平常」。

最後，為了避免造成誤會，我想要說出我的定義，職場上的男人之間的「特別關愛」，根本就是另一種「不倫」。不尊重一個人的個性、能力、品性，違背時代潮流、僅憑著「男人賺錢養家多辛苦啊」的信念而產生革命情感，是非常廉價的「不倫戀」。難道是因為已經廢除了「通姦罪」，不會被懲罰的狀況下，你們才會這麼大膽地抱在一起嗎？

試著不忍耐的練習 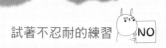 NO

換過兩家公司後，我經歷過「男男戀」和「女女戀」，而那個公司會發展出哪種性別的戀愛，更關鍵的是「那間公司的當權者是男性還是女性，以及他/她擁有什麼樣的成長經驗？」順應著男性勢力而升遷的男性或女性 CEO 會默默地鼓勵「男男戀」，然後挑撥女員工之間的感情，而憑著一己之力爬上最高峰的女性 CEO，會鼓勵「應該要為女性創造出更開放的環境」。

到頭來，我們的公司文化依然是從上到下。就像民主的領導者會打造出民主的組織一樣。不妨試著思考「我會是怎麼樣的領導人？」應該是個更有意義的提問。

不再忍受奇怪的職場文化

是誰讓我們散發出
悲慘的氣味？

　　我在國三的時候曾經被霸凌過。霸凌者對我說：「因為你認真念書的樣子看起來很討人厭。」在上國二之前，我是比較愛玩的，某次因為成績進步才開始對課業感興趣，所以從那時起開始認真念書，哪裡都不去。不過這樣的轉變卻讓我朋友覺得很礙眼。當我第一次拿到全班第一名時，他們說：「妳只是運氣好而已。」當我第二、第三次拿到第一名的時候，他們就更大喇喇地攻擊我：「我們班的第一名才不是妳咧，妳幹嘛沒事參一腳？」

　　之後他們使出各種幼稚的手段，放寫著髒話的字條、偷走我的運動服、命令所有人都不跟我講話等等，招數真的非常多。當時的我正處在一個非常敏感的年紀，所以常常一個人偷哭，同時又不想在課業上認輸，所以就選擇用成績證明自己，後來快要畢業時，朋友們開始跟我道歉：「對不起，我們不應該那樣對你的。」後來升

高中之後就沒有被霸凌了，因為我成了一開始成績就很好的學生，而不是從吊車尾爬上來的一般生。

儘管已經離開學生時期很長一段時間，但我在公司中卻偶爾會感受到那樣奇妙的邏輯。本來就很厲害的人，完全不會被當成競爭對象，反而是落在後面的人之間會彼此較勁。

如果說有什麼不一樣的，那就是學生時期的標準是成績，在公司裡的標準則是「錢」。到底多少錢才算是很有錢，坦白來說，這個標準非常模糊。但是我在公司遇到的有錢人，他們的生活明顯和平凡人不一樣。比方說，有一種有錢人會對還是租屋族的我說：「剛剛我利用午休時間買了清潭洞的別墅。」當我們在聖誕節宣傳期討論要不要買樹時，有錢的同事就說：「我可以從我們家院子帶一棵樹過來。」

對我們而言像是上外太空般的小說情節，在他們身上就像去超市一樣稀鬆平常，而且當我們面臨所謂的重要抉擇時，他們並不會有什麼太大的煩惱，而是大膽地說：「不然就不要啊！」「不然就離職啊！」

我更意外的是主管們的反應。對於那些有錢人，主管並不是提出建議或責備，而是：「哇！不愧是 A 主任的規格！」「這個人的想法真的很有趣耶。」然後叫像我這樣的平凡人幫忙善後：「喂！趕快幫忙解決那件事。」

《寄生上流》的電影裡也出現類似的內容。在電影裡，兩戶窮人家為了能持續寄生在有錢人家裡，在地下室打得你死我活，有錢

人卻什麼都不知道，還優雅地用著餐。一邊正在噴血，另一邊還在混合炸醬麵和烏龍麵的碗裡放入韓國牛肉，吃得津津有味。

看過電影的人應該都還記得這一幕。男主角宋康昊因為和幫傭的先生打得很激烈，腳掌都變得像煤炭一樣黑。拚命躲開攻擊自己的人，努力爬上階梯而踩髒的腳，彷彿就像是留訊息給那個幫傭和她的先生說：「你不可以！不可以爬得比我們更高！我的競爭對手不是那高高在上的人，而是想要爬到比我更高的你！」

住在狎鷗亭的「貴族」和其餘的「平民」

再回到公司裡好了，若說出身富裕家庭的下屬從來沒有讓我感到自卑，一定是騙人的。尤其我的工作是「品牌行銷」，那種比較更強烈。如果說我對於名牌的認識是從書上、網路上看來的，那些有錢人則是透過直接的接觸來瞭解全球的品牌。

不過事實上，讓我散發窮人氣味的並不是他們，反而是跟我散發出同樣氣味的人，就在他們拉著我的衣角時。

例如當我呈上好幾個月的心血結晶——品牌報告書時，主管卻說：「趕快把 C 主任叫來。」C 主任就是我前面提到午休時買了清潭洞別墅的人，他根本對於企劃是在什麼背景下產生、是如何形成的完全一無所知，主管卻莫名其妙地問他：「你看看這個設計，覺得如何？喜歡嗎？」

主管的忽視就算了。如果是同樣階層的同事或是我的下屬做出倒戈的行為，無能為力的感覺會更強烈。舉例來說，有些人已經形

成「協理最聽 C 主任的話」的想法，他們會說「企劃書寫完的話，先給 C 主任過目，這樣協理應該百分之百會同意吧！」要不然就是「先拿給某人看，如果調整錯方向，說不定還會被協理指責，一點意義也沒有。」也有人會自動發揮打小報告的本領：「部長！今天朴主任遲到了足足十分鐘！」（但是說這句話的人卻對遲到四十分鐘的 C 主任畢恭畢敬地打招呼）

我覺得這種人比我在電影中看到的「窮人」更可悲，因為他們這種行為實際上無法得到任何益處。公司裡的有錢人並不是我們的老闆。他只不過是「個人」很有錢，那些錢再怎麼樣也不會進到我們的口袋裡。所以更可笑的是，實際上是我們讓自己看起來像寄生蟲的。明明沒有人說：「你身上有一股臭味。」但自己卻不斷對號入座地表現：「我們身上就是有這種味道。」

韓文有一句俗話是「看到堂兄買地也會眼紅」，這句話真的太妙了。我們沒有把位於高處的人視為競爭對手，反而是緊盯跟自己處境類似的人，這讓我覺得非常諷刺。

經理今天也去找「有錢的 A 主任」（說要一起喝咖啡），而另一位有錢的 P 主任的位置依然是空的，經理卻偏袒 P 說：「他應該是有事情吧！」像我這樣擔心會遲到而在雨天猛踩油門到達公司的人，相較之下，顯得特別悲慘。為了幫忙收拾某個有錢同事的爛攤子，我得要常常出差，卻還會聽到別人質問：「為什麼要這麼常出差？」唉，真是讓我痛心。

曾有人說，我們的社會好像喪失了溫度調節功能。對於別人在困境中苦苦掙扎的情況異常冷靜，對於某些事卻滿懷熱情。總而言之，我們的社會就像是一幅扭曲的自畫像。

「誰讓我發出這麼悲慘的氣味？」那答案就是「已經扭曲的我們」。明明就無法從某一類人身上得到任何好處，也沒有簽下什麼忠誠誓約，卻對他唯唯諾諾、畢恭畢敬，這就是「扭曲的我們」。

當有人試探性地問：「金主任住哪呢？」大家會因為他回答「我住在狎鷗亭」而沒意義地主動熱情款待；而另一端的我們則受到無禮又冰冷的對待。又忌妒又嚮往的奇異心態，最終社會呈現的樣子就像一場鬧劇，我們對於「跟自己相似的人」並沒有產生憐憫的心，反而變成張牙舞爪的壞蛋。我覺得很難過，也很心痛。

試著不忍耐的練習

我也常常在想：「如果我也被當成有錢人就好了。」因為我會在參加重要聚會時，故意帶名牌包亮相，或是在聽到有人說：「你有聽説承柱主任住在江南附近嗎？」我也會假裝沒聽到，就算那根本不是事實。不過這種「假裝」就像穿上不合身的衣服一樣。而且我身邊實際上就有「明明並不有錢」、「不必刻意假裝」，也能自然散發貴族氣息的人。他們説：「就算不用名牌包也沒關係，我自己就是名牌。」雖然我暫時無法辦到，但很期待看到在十年、二十年後，他們依然能如此帥氣，能夠證明他們所相信的：人，本身就能夠比妝點他們的物件來得閃閃發光。

公司說會補償我的犧牲
都是屁話

《放過自己才是生存之道 Am Arsch vorbei geht auch ein Weg》* 裡面有一段話深得我心:「你不斷努力工作,以為總有一天老闆會認可你的辛勞,然後補償你,這跟相信聖誕老人,以及相信月亮上住著兔子沒兩樣,這種錯誤的信念會讓你被交付更多你不想做、原本不是你負責、甚至不適合你的工作。」

其實我直到升國一都還是相信有聖誕老人的存在(至於月亮上住著兔子這件事,我小六以後就不相信了)我比身邊的人所想的還要更呆板、憨直。講好聽一點,是「善良」,講難聽一點就是「太透明了」,如同字面的意思,想法透明到可以輕易被看穿,所

---

* 譯注:書名暫譯,目前該書尚無中譯本。

以很容易被利用。我的職場生涯總是重複著相同的模式，不斷被抽乾，直到我的靈魂全部乾枯為止！

我曾經做過一個膾炙人口的廣告。那個廣告的誕生來自於一個動力：我想得到口頭禪以「再一次，重來！」出名的權總監的肯定。權總監是我待的第二個廣告公司的創意總監，常常用那浮腫的蠟黃臉孔在自己的位置上轉動手腕（用他的語言解釋就是，與創意之神接上線的肢體動作）。

我離職不久後，他曾經和幾位一起工作的企劃提到我，他說他絕對無法肯定我，而且他總是搞不懂我自己一個人在忙什麼。

徒勞無功的人的特點就是：相信自己是可以讓人刮目相看的「例外」。我當時絞盡腦汁地挖掘點子。當時廣告產品是 P 公司的泡麵，在我沒有任何想法時，就三餐都吃那牌的泡麵。接著，我從產品名稱中得到好點子的靈感，也一併想到「煮出有男人味的泡麵」這文案和廣告內容。然後為了能使用搭配這廣告的背景音樂，特地寫了一封英文電子郵件給國外的原創作者（Could I use⋯）。後來廣告上線後，創下相當亮眼的觀看次數。雖然結果是幸運地大受好評，但，各種頒獎典禮和採訪場合都只有權總監一個人現身（？）。他面對開心的總經理也用蠟黃的臉孔以專家之姿說：「我說過了吧？像我這樣的高手絕對還有一手。」

理論上只要被利用過一次，就不會再被利用。但像我這種人的特徵就是，我還相信只要我努力去做，總有一天會被某人認可。

　　跳槽到大企業後，我在廣告部門擔任品牌企劃。在這裡需要稍微不同的定位，因為是初來乍到，所以需要更努力工作。這種單純的獵物肯定馬上就被已經是老江湖的捕食者看出來。我們部門的部長特別叮嚀我：「別人都不太做事，如果部門間要保持均衡，你的努力就要多上更多。」

　　所以，我又像賽馬一樣奔馳著。上了年紀的次長一上班就喊頭痛，我就得要負責寫他丟過來的品牌策略資料；當隔壁的課長說：「今天天氣不好，沒辦法工作。」我就要替他寫各季的廣告計畫。不過，這樣的努力大部分都是徒勞無功。次長拿到資料後只會練肖話（「喔！有兩個錯字耶！還有字體不應該用新細明體，應該要用標楷體啊！」），對於自己無法理解的部分，就責備我：「你真的是的！為什麼要這樣寫？我早就叫你隨便報告就好了嘛！」

　　我內心大喊：「對啦！就隨便報告啊！你這王八蛋！」（怕被炒魷魚，所以不敢喊出來）後來我下了一個悲壯的決定：「我只忍耐三次就好了！」就算被這樣利用，透明人還是相信忍耐的人是有福的。儘管不知不覺已經超過三次，我還是再次催眠自己：「說不定升遷的時候，他會回報我。」

　　不過，會被升遷的名單都已經內定了。

<u>「我從主任開始做起，應該到最後還是主任」</u>

託他們的福，我當了十年的主任。我偶爾會跟朋友開玩笑說「我從主任開始做起，應該到最後還是主任」，但我做夢也沒想到這句話真的成真了。就連我沒被升遷、心情低落時，主管還要利用我：「所以我說，你只要幫我這次，我一定會記得你的。」然後悄悄地把企劃書放在我桌上。這沒義氣又差勁的人！

雖然在我的職場生涯裡面，還是會偶爾出現補償我辛勞的人（真的是偶爾）。就是我第一次踏進廣告公司時，死命保護我的創意總監。但就像我們所知道的，這樣的人會跟公司有許多明暗糾葛，終究會在某天離開公司（可能是因為被氣到）。我又會想起一句珍貴的話：「好人總是會與你擦肩而過。」

某個曾在公司一氣之下跟同事大打出手的獨立出版作家說：「上班族非常需要被教育，每個人都要有能『自己』做好自己那一份工作的能力。」

我覺得他的洞察力相當驚人，用簡單的邏輯就總結出我這又漫長又鬱悶的心路歷程。仔細想想，其實只要每個人忠實地做好自己份內的工作，就能解決這個問題。我發現常使喚我的主管總是重複說著一句話：「公司適用 80/20 法則，就是靠百分之二十的人來養百分之八十的人！」真好笑！說真的，這句話是屁話。如果要解釋他講的話又會變成這種邏輯：「因為你比別人更努力工作，所以才要你養我們。本來公司這種地方就是這樣運作的。」

公司說要補償你的犧牲，真的是屁話。一般來說，這是絕對不可能有的事，「總是在做白工的你」需要的就是，從現在起為了不要再隱形下去，要打破那堵牆。不要太善良、不要卑躬屈膝，拒絕吧！就算是捏著大腿，也要擺臭臉說不。我們需要跟月亮上的兔子和聖誕老人說再見。與其再施予多餘的憐憫，不如頂撞回去，讓所有人都能做好自己那一份工作。

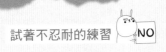

試著不忍耐的練習

　　在成為主任之前，大家都是憑實力來決勝負，但到了管理階層，似乎確實需要「政治操作」，因為上面的人都是藉由一些手段才能盤據在高位。起碼也要為了能打入那個圈子而阿諛奉承。所以大部分「沒有政治手腕的前輩」都離開公司了，連我一直很敬重的主管最後也決定另起爐灶，憑著極少的人力建立新的公司。他說：「最近的年輕人都想要進入稍微平等一點的公司。」

　　沒錯，總有一天會改變的。如果把現在當成是一段過渡期，就稍微能再忍耐一下，而我們真正需要的是，有更多人說出真話。

Part 4

不只為別人，
也為自己而活

好男人都死到哪去了

　　我結婚到現在已經超過六年了，偶爾卻還是會接到電話詢問：「請問您已經結婚了嗎？」如果是在路上被問到，我可能會開心地想：「這個人是對我有意思嗎？」但那通電話只不過是我在結婚前結下的孽緣，現在又來對我「勾勾纏」了。沒錯，那通電話就是來自「婚友社」。

　　你們應該都很清楚為什麼一個女人會加入婚友社，但對方過了這麼久再聯絡，讓我感到憤怒。尤其當我說：「我已經結婚了，還是我介紹其他姐姐給你們？」電話那頭卻趾高氣昂地回答：「不瞞您說在我們看來，二十歲的女生年輕貌美，屬於最高等級，呃，那您說的姐姐是已經超過三十五歲的嗎？還是四十歲呢？可能要多付很多錢加入才可以列入分級……」說的好像他們多不缺客人一樣。

　　老女人在婚姻市場最終只是「石頭等級」。我覺得好像被拖入

韓牛屠宰場，撐開嘴巴、敲敲牙齒，然後被評價為「這個，out。」我身邊有不少未婚女性，不論是以前還是現在，我大概知道她們為什麼會異口同聲說：「好男人到底都死去哪了？」

好男人沒有去哪裡，好男人應該還存在（儘管所謂「好」的標準非常主觀），但社會對於「好女人」的奇怪標準，卻會讓好端端的女人提早遠離「好男人」。所以我們沒必要對分級的婚友社生氣，婚友社的邏輯其實非常單純、沒有常識——女人上了年紀就變調了，所以絕對遇不到好男人。

不過更該警戒的是一句相當狡猾的話：「I know, BUT」。很多男人一開始裝出一副非常能理解的樣子，後來卻切割說「但實際上就是無法，還是會優先選擇『嫩妹』」，接著提出各種奇怪的證據，試圖合理化自己的行為。

我曾經和一個男性友人分享這類經驗談，（他是記者，每週都會在專欄上評判時事）他聽完後說：「嗯，我可以理解，不過妳說的是事實嗎？男人上了年紀後會變得穩重，但女人呢？我不確定。有些女人生育能力會降低，而且更容易發生難產的狀況。」

嗯，這就是某個當上記者的男性回覆我的內容。我跟他談到男女在婚姻市場裡受到的不平等待遇，更令人遺憾的是，對於「上了年紀」的性別歧視，還隱約挑起了女人之間的對立。我曾經讀過一篇報導，內容以男女的生理和文化角度來論述社會對於年紀的差別

待遇，文中展現了比過往任何一篇報導都更深切的惋惜。但是，那又如何呢？社會大概不會因為這樣就有所改變。光說不練的現實，才是促成更狡猾的歧視的原因。

年紀不過是個數字？現實並非如此

我們換個角度，來談談「男人的年紀」好了，事實上，男人也無法避免老化。換句話說，「年紀增長」並非侷限在某個性別，但我們的社會卻將這場論戰更聚焦在女性這一邊。男人上了年紀後，會散發出中年氣息，跟小十歲的女人結婚，只會被評論為「很有熟男魅力」，但女人上了年紀，卻不會被說是散發女人味，尤其如果跟年紀很小的男人結婚，大家反而會拚命從女人身上找出「關鍵原因」（是不是因為女方錢很多？）。

像我那位記者朋友那樣，把懷孕生產不順的責任都推給女人的說法，非常常見。我有個朋友五年來遲遲無法懷孕，最近好不容易懷孕了，她告訴我：「各種有的沒的我都聽過了，說因為我的子宮不夠健康、超過三十歲才懷孕，問我有沒有檢查過卵子，還說我應該要在二十幾歲就把卵子冷凍起來啊等等。不過啊，我先生從來不會被責怪這些。有一次我忍不住說都是我在檢查，建議他要不要也做個『精子檢查』看看，結果他就突然發火。他說男生哪會有什麼問題？而且檢查很麻煩，不需要。其實我覺得他是因為害怕真正的問題出在他身上，所以才會那樣說。」

我想，如果把鄰國日本發明的「精子檢測工具 Sperm Kit」告訴我那位朋友的先生，我應該會被當成壞女人看待。「精子檢測工具」是在具有性別平等觀念的背景之下誕生的，這種檢測器是由 Recruit Lifestyle Co. Ltd 網路服務公司所製造，是一款能輕鬆利用手機檢測男性精子健康狀況的工具（打開工具箱後，男人將自己的精液裝入杯中，十五分鐘後用攪拌棒舀出一匙，滴在內含顯微鏡的載片上。在手機安裝相關程式後，把載片貼近手機鏡頭錄影，即可檢測精子數、精子濃度及活躍度等各種數值）。這個能每天檢測精子活動的攜帶型檢測工具，讓不孕的原因不再只會被歸咎到女性身上。

　　實際上，這個產品誕生的目的就是為了提醒社會大眾，日本的低生育率並非只是女人的問題。因此，女人可以對男人提出質疑：「男人上了年紀，生育能力也會降低啊！你的精子難道就沒有問題嗎？」沒錯，這工具就是一個有力的佐證，以及非常明確的證據。人只要上了年紀，身體機能都會老化。並非只有「女性」，男女都是一樣的。

　　我有一些未婚的朋友說：「我快四十歲了，發現很多男人想要再婚，但都不考慮同年齡層的人。跟我很熟的一個弟弟直接建議我們不要考慮韓國男人，去認識一下比較不在意年紀的外國人吧。」

難道，現在年過三十的韓國女性必須將外國人視為藍海嗎？大家口頭上說這個社會已經改變很多了，但實際上根本沒有改變，該死的雙重標準——「I know, BUT」！

　　《兩個女人一起生活》[*]這本書的作者黃善淑說：「女人一旦超過三十歲，好像得到某種豁免權，大家看到我都會自動彈開。……有些突如其來的關心或擔心的詢問，只是讓人倍感負擔，……沒有結婚的女人總是會被貼上『不好相處』等標籤，成為他人暗地裡揶揄的對象。」

　　例如「有能力、上了年紀的女性」，就會被質疑為什麼不結婚；晚婚、不婚的女性也會被認為是「年紀大了就變得更計較、更挑剔」。黃作家現在跟一位女性同居，她說，除了少了法定關係之外，同居跟結婚不都是跟別人一起生活嗎？兩個人同樣會經歷爭吵、和好、互相理解的過程。

　　現代社會中，「家人」的型態變得越來越多元，當然有好幾個原因（經濟狀況、信念、性別傾向），但我希望你能瞭解到，想結婚卻不斷拖延或放棄的女性，遇到的最大阻礙是「社會對於超過三十歲女性的觀感」（希望你能重視這個問題）。請不要在人們面前表現得好像可以完全理解女性，背後卻做出另一套充斥著男性優越主義的行為。

---

* 　譯注：書名暫譯，該書目前無中譯本。

期待男女被平等對待的理想能成真，希望有朝一日超過三十歲還想結婚的單身女性不需要唉聲嘆氣：「好男人都不見了。」這才是我們所需要的。

為了能不帶偏見和好男人相遇，我們都需要實際做出改變！

試著不忍耐的練習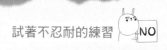

雖然社會有著「奇怪的標準」，但女人卻不斷在進化中，隨著逐漸明白結婚並非人生的全部，屬於個人的生存哲學正在她們心中慢慢萌芽。

我身邊的單身女性（但並不急著結婚）最近的工作、感情、生活，可以說是一帆風順：「跟妳說，我這次決定要念我想了很久的研究所了。」「妳應該會很好奇為什麼跟已經見面三次的男生都沒有提到『結婚』吧？因為光是見面都開始覺得無趣了，怎麼會想到要結婚呢？」「我現在知道怎麼換燈泡了！這次我還在我租的房子裡貼了新的壁紙耶！」

她們已經不是帥氣女孩，而是帥氣女人，我很為她們驕傲。再有人說：「女人上了年紀就變調了。」我會用力回嗆他：「你這種想法才是太low了。」

這種婚，不結也罷

　　在梨泰院街頭遊蕩，只為了能稍稍喘口氣的人群中，我大概是其中唯一已婚的「阿桑」，圓圓的臉配上矮小的身材，任誰看都會覺得只是一個普通的阿姨。至於身邊那位還耐著性子陪我遊蕩的人，正是我的朋友。這時，她忽然問了我一個問題：

　　「欸，一定要結婚嗎？」

　　其實我也不知道，因為我的婚姻生活只是忙碌的三百六十五天重複循環。不過，我想透過身邊已婚朋友的血淋淋經驗來說幾個「故事」，主標題就下：「這種婚，不結也罷」。

這種婚，不結也罷 ①：年紀到了就結婚吧！

不要因為年紀到了就結婚！

這是一個關於「隨便湊合」的案例。我的好友，現在仍在知名航空公司上班的 P 小姐，當初因為抵不過家人的聖旨「女人不能留到三十歲」而被逼著結婚。不過，對方長相和條件都不差，也是當初會答應結婚的原因之一。

然而現在她和先生分居中，也已經跟娘家斷絕聯絡了。P 小姐說：「實際結婚後覺得很空虛。在可以好好拚工作的年紀卻必須配合社會的期待而結婚。到底是誰說女人過了三十歲就會邁向『老處女』？我當時因為太害怕變成那樣所以結婚，沒想到更後悔。」

依照父母的決定去做會被說孝順，但就失去了自己人生的主導權，時光無法倒流，婚已經結了，就像頭已經洗一半了，一切都回不去了。

這種婚，不結也罷 ②：以為「嫁給有錢人」就會解脫！

不要拿「婚後就不用去工作」來逃避自己的人生！

這是某個「嫁入豪門」的悲慘案例。A 是和我待在同個廣告公司的朋友，她很聰明，是個總是在比賽中獨占鰲頭的文案高手，因為覺得二十四小時待命的工作太辛苦了，她決定嫁給當時交往的對象，就把工作辭了。有一陣子是挺幸福的。

但是她立刻就後悔了。其實她的自尊心很強，一開始是覺得

「怎麼連拜託先生買一件衣服都這麼心虛」，後來開始自責「連一次都沒辦法陪父母出去玩」、「一切的生活都要配合先生的心情，讓我變得很憂鬱」，於是她最近開始去當家教老師。現在的她堅信，如果婚後在經濟上只能依賴先生，是難以幸福的。

這種婚，不結也罷 ③：他對育兒問題漠不關心！

請躲開那些會逃避育兒責任的人！

這是個「以為夫妻都會一起照顧小孩」的案例。K 曾經和我一起參加記者考試，當時是製作人的他，在熱戀期後立刻娶了一位美嬌娘，不過他在孩子出生後卻有了一百八十度的大轉變，導火線是「唯獨照顧小孩這件事，他不想跟太太一起分攤」。他偶爾會說：「好羨慕 C 羅 Cristiano Ronaldo。他有很多錢，照顧孩子的問題用錢就能解決了。就算年紀變大也不會覺得辛苦。最重要的是他還可以一直換女朋友！真的超爽的。」

以上那段是身為兩個孩子的爸所說的話，「因為不想照顧小孩」，所以東找藉口、西找藉口不想回家。我看到這種人之後思考了很多。像他這樣的人並不適合結婚，我一方面很想揍他一拳，一方面又為他太太感到淒涼。唉，他太太是造了什麼孽啊？

這種婚，不結也罷 ④：結婚後變成孝子的兒子

遠離那些認為婚後就多一個免費幫傭的男人。

這是個「孝順的人可能很自私」的案例。我的大學同學 J 離過一次婚。她遇到一個把孝順父母的責任都推給她的男人，整段婚姻就是一個「慘」字。J 的先生是長孫，婆家也很強勢。他希望 J 每天都能打電話問候婆家（他自己一次也沒打電話給岳父母過），在家裡經濟很吃緊的時候，J 還因為沒給婆家零用錢而遭到先生惡言相向。到底為什麼要結婚呢？為什麼婚後要代替男方孝順父母呢？J 對我說：「欸，孝順的人真的很自私。」

這種婚，不結也罷 ⑤：女人不一定要結婚好嗎？

除此之外，還有許許多多後悔結婚的案例。

「嫁給性成癮者的」、「嫁給滿口粗話的」、「嫁給超級小氣鬼的」等等。但是如果我說太多，好像只是單方面宣揚婚姻有多糟糕，所以到此為止。我只想說，婚姻這個話題，有很多討論的空間，而且並不像童話故事的情節或連續劇的 Happy Ending，總是洋溢笑聲、柔煦的光芒。希望妳能比其他人更清楚，結婚是踏入現實世界而非幻想城堡。

妳理想中的人生是什麼樣子呢？妳最重視的是什麼呢？是否非得透過「結婚」這個制度來滿足妳的渴望？不妨試著「衡量結婚的優缺點」。相反地，妳也可能透過衡量瞭解到，原來結婚可以讓妳獲得更多的自由。

直到真的出現「非他不可」的人之前，沒必要把結婚當成義務，就算真的跟某人墜入愛河，也要思考是否「結婚」這個形式是最好的。雖然想要在一起，但如果不願分擔責任，也有「同居」這個選項；如果對方連最低限度的義務都無法盡到，也可以只維持「戀愛」關係，這也是個方法。我想，或許是因為一部分的人已經有這樣的共識，所以現在不婚者逐漸增加。與其說這是一種害怕的表現，不如說是真正衡量過優缺點而出現的替代方案。

　　婚不是非結不可。

　　另外，我還想說句朋友 C 推薦的名言：

　　「戀愛是必須、結婚是選擇。……我不害怕即將來到的愛情。」──摘錄自金蓮子〈Amor Fati 命運之愛〉歌詞*

---

* 　金蓮子，西元 1959 年出生於韓國光州的演歌歌手，為韓裔日本人，出道已逾 45 年，其中〈Amor Fati〉為其代表性歌曲之一。

試著不忍耐的練習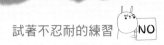

　　比起「趕快結婚」，更重要的是要盡可能清楚知道「婚後生活是如何」。分析有哪些優缺點，以及該如何解決缺點，並且模擬數十、數百次，相信這會讓你的婚姻生活變得更穩固。不過，當然不會只憑著「模擬」就能解決一切問題。

　　韓國明星情侶檔「G.O（鄭丙熙）和崔藝瑟」先是宣布同居消息，然後在不久前順利結婚了，我看到他們時，心想：「沒錯，要先一起生活過，才能仔細觀察對方的生活習慣和價值觀等等。」如果時光倒轉回我結婚之前，我應該會認真考慮「同居」。當然也必須要有覺悟，因為我大概會聽到身邊那位隊友出現：「怎麼意見這麼多？妳這些不可取的念頭到底是從哪裡來的？」

「劈腿」這檔事

　　那天，我的朋友大發雷霆，她說：「那個王八蛋！他跟一個女的光是面交東西也可以劈腿！」我問她怎麼知道的，她秀出臉書頁面：「因為一直有個女的在他的臉書留言，我點進去看那女生的頁面發現，她在跟我男友合照下面竟然有這樣的 hashtag！」我看了一下，裡面寫著「#相遇一百天、#二手電腦、#文來洞面交、#親愛的我愛你」。

　　朋友說：「這是什麼世界啊？面交也可以劈腿？這樣哪有人敢結婚啊？聽說最近連已婚的人也會搞很多小動作。」嗯，的確。光看朋友的朋友、公司前輩和後輩，也知道「劈腿」簡直就像傳染病一樣蔓延開來。

「現在哪有人沒有外面的男朋友或是女朋友？」

這句話竟然出自跟我很要好的一個媽媽（我曾經在公園裡看到她和陌生男子接吻）。我假裝不知情地問那個「劈腿」的媽媽：「為什麼人會劈腿啊？」「嗯，應該是因為孤單、無聊吧！覺得只是當一個妻子，好像少了些什麼吧？」

別人家的事我不太清楚，但我很確定她應該不是因為「家庭缺乏溫暖」才劈腿的。先生沒有暴力傾向、也沒有得絕症，更不是因為先生外遇所以想復仇。我覺得更像是超過三十五歲後，對於穩定的家庭生活感到空虛、倦怠，渴望來點冒險和熱情，簡單來說就是：「我的人生就這樣了嗎？我一輩子只能這樣嗎？好想要回味那種令人熱血沸騰的感覺！」

於是，我在吃飯的時候隨口問了一下先生：「如果你外遇，會選哪一種女人？」先生說了一個很聰明的回答：「嗯……應該是每天都有點不一樣的女人吧？」嗯，真是個耐人尋味的回答。看看我周圍的案例，就可以知道他們根本不是因為對象的外貌姣好才劈腿的。就算妻子美得像全智賢，丈夫也還是會跟用很嗲的聲音說「歐巴～幫我買那個～」的俗氣狐狸精睡；就算有像喬治克隆尼那樣的丈夫，妻子還是會跟不起眼的禿頭大叔在地下停車場熱吻。

馬塞爾・普魯斯特 Marcel Proust 說：「會愛上對方，並不是因

為對方的魅力，而是出於自己的想像力。」外遇的當事人跟其他異性交往時，會感受到自己的配偶身上沒有的魅力，並以那種想像填滿自己的欲望。就像連續劇的編劇一樣絞盡腦汁，並且不斷編織新的想像：「如果是他，結局就會不一樣。如果是他，我會和現在不同，去到和現在完全不一樣的地方吧」。

劈腿會變成慣性

在太平洋彼岸的美國，曾經發表了一個有趣的研究結果：颱風和劈腿的關係。研究人員調查了颱風頻繁肆虐的地區，發現當颱風橫掃過一個社區，當地的劈腿指數就會明顯增加，原因如下：

某人的妻子一直過著令她厭倦的生活，某天，颱風來襲，摧毀了自家庭院中的樹木，她於是打電話叫園丁過來處理，於是家中出現了穿著吊帶褲的「年輕男子」。園丁跟她的丈夫非常不一樣，粗魯、冒失、體格強健。在那瞬間，優雅的太太幻想著跟他外遇的情節，遺憾沒有更早遇見這個男人，腦中簡直火力全開。

雖然想像力是令人驚嘆的能力，但也有缺點，那就是「隨之而來的慾望無法被輕易填滿」。所以「劈腿」常被比喻為毒品，會令人上癮。法國的人際關係專家艾絲特・佩萊爾 Esther Perel 也指責：「劈腿的慣性會持續很久。所以聖經中提到，不管是實際上還是在想像中都要禁止。」

說實在的，要連「想都不能想像劈腿」是很困難的。我偶爾也會在夢中偷偷跟電視上出現的帥氣演員約會。我並沒有祈求他出現在我夢中，是我潛意識中想著：「那個人好帥喔！」才召喚他出現在我夢中。在夢中跟他倆人一起吃著同一包爆米花，手牽著手聊個不停。不過要讓「劈腿發生在現實中」是另一回事，取決於「是否擁有足夠的意志力」。就像專家所說的，劈腿會持續很久，所以大部分的劈腿都已經變成了「習慣動作」。

我認識一個在知名廣告公司上班的男員工，他都是跟女同事搞外遇，在那裡已經換過三任妻子（他到現在依然安然無恙，但跟他離婚的女人則全都辭職了）。「他可能把公司當成了婚友社。」我的先生則持反對意見，再三跟我強調：「他不是在尋找什麼約定終身的對象，只是想要一直跟新面孔交往！」

欠缺同理心的社會

在已經廢除通姦罪的現代，不知道何時我們的社會才能改變得了這股慾望。洪常秀和金敏喜*外遇後甚至逃到美國，表示：「沒有人可以阻擋我們的愛情。」洪常秀至今都還沒和元配離婚。

更讓人不爽的是，他們還把自己外遇的故事包裝得如同一部淒

---

* 譯注：分別為韓國知名導演和女星，倆人除了合作拍攝電影外，更高調宣示戀情。

美的電影，還有人歌頌小三，奉她為德蕾莎修女（聲稱那樣的女人改變了他人生的價值觀）。

過去，外遇事件只會是被大力撻伐的小道消息，但現在新聞中不乏外遇男女大方嘻笑打罵的畫面，甚至還有人稱許小三「很漂亮」，或是出現奇怪的留言：「如果有那樣的男人，我也想跟他外遇。」有次我跟朋友聊天時，我說：「他們不會對元配感到愧疚嗎？」朋友漫不經心地回我：「應該不會吧？他們現在只想到自己，『我好幸福喔～可以跟命中注定的那個人在一起，真是太幸運了！』」

在現今社會中，逐漸傾向不再制裁外遇事件。我覺得那似乎是社會整體缺乏同理心的表現。外遇的倆人難道不曾思考自己的配偶受到多大的傷害，以及身心變得多麼疲憊嗎？如果電影中出現的靈魂交換現象能出現在現實中該有多好（有鑑於現代科技的進步，應該不是件難事）。我的意思是，當他們死皮賴臉要去找小三或小王之前，應該先交換一下靈魂，親自感受看看那種心如刀割的感覺。愛情的背叛，不只是讓當事人信用破產而已，劈腿的行為會徹底毀壞另一個人的生活。

我非得提「劈腿」這個話題不可，是因為我身邊有太多「被劈腿的弱者」。現代的狗血連續劇裡充斥著荒謬至極的內容。我真的

太生氣了，氣到很想朝他們丟石頭、吐口水。在網路上看到有人留言：「這人真是個王八蛋」時，我甚至想緊緊擁抱那個願意替陌生人抱不平的人。我想幫委屈又傷心的妳甩他幾個泡菜巴掌，讓泡菜汁都噴濺到他身上，讓那個可惡的傢伙至少狼狽一次！

試著不忍耐的練習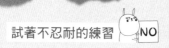

以前我媽看到電視上演出劈腿的劇情時都會大罵：「這種內容哪裡好看？」實際結婚後，我竟然也被這種劇情吸引。我尤其喜歡劉亞仁和金喜愛共同演出的外遇劇《密會》，甚至還成了鐵粉。邊想著：「可惡！不能被喜愛姐姐拐走。」然後繼續看，甚至看到忘了洗碗。

而我最喜歡的男演員是池珍熙，有時看他主演的電視劇到一半，我會轉頭看看我的先生，這種時候，我先生會生氣地問我：「怎樣，你在想如果我是池珍熙就好了是嗎？」呵呵呵，還要我說嗎？反正已經沒得選了，老公，至少不要妨礙我美好的想像！

我不是「媽蟲」*

　　有一天我看著網漫《心靈的聲音》，看著看著就大笑出來。因為看到主角的妻子、已經成為媽媽的愛鳳常常自言自語。當孩子在電梯裡大吵大鬧時，愛鳳意識到旁人的眼光，就說：「唉唷～這個小孩怎麼會這樣。」當小孩在街上哭鬧時，她則開心地笑，演得就像那是自己希望的。唉，其實是笑得既難過又揪心！這漫畫竟然能如此貼切畫出媽媽顧小孩的痛苦，甚至讓我想起自己每天經歷的一切，就像電影般一幕幕浮現在眼前。不愧是人氣漫畫！

　　不過我想說的是，我確實常常自言自語。
　　特別是當四歲的老二在外面開始耍賴時，我自言自語的頻率就

---

* 譯注：韓國自 2019 年出現的流行語，意指「過於追求享樂、忽略小孩的管教的媽媽」。

變得非常高。例如當他嚎啕大哭時，我就會說：「你今天狀況不太好耶！」如果他在地上打滾，要我買餅乾時，我就會說：「少爺啊！不可以把衣服弄髒喔！」然後吞下我的怒氣，觀察四周（我故意用敬語就是為了要表現出這並不是什麼了不起的事）。孩子在外面一直亂跳亂叫的時候，我會注意周圍的狀況然後大聲地說：「啊，寶貝！原來你的屁股夾褲子了啦！」

這麼做的目的並不只是為了要理解孩子或是安撫孩子的情緒，更是為了做給在公園、餐廳、電梯或是街上目睹這場景的旁人看。「大家！我現在才知道這孩子是因為這樣才會做出這種行為的！」「現在我會盡快解決這個狀況的！請不要對我們母子發脾氣，請包容我們一下吧！」

另外，我親身經歷過一件事，那天本來我帶老大跟老二一起去看音樂劇，途中經過咖啡廳，我打算進去坐一下。不過，老二不像安靜的老大，一直在椅子上爬上爬下，相當躁動。我叫他注意：「拜託你坐好！」但老二好像以為我在開玩笑，笑到不行。

當我正因為他比平常更驚人的笑聲而尷尬時，突然聽到：「真的是一個媽蟲。沒事幹嘛把孩子帶到公共場所？明明管不了孩子，還有閒情逸致跑來喝咖啡？」

我猛然轉過頭去看，那是一對熱戀中的年輕情侶，當下我已經尷尬到臉都漲紅，後來帶著複雜的情緒離開了咖啡廳（現在想想，我當時可以對他們直接發飆，但是聽到那個詞的時候打擊太

大，完全沒有正眼看他們就離開了）。而那天的心情完全被那個詞給搞砸了。

為什麼沒有「爸蟲」

我對於「媽蟲」一詞非常好奇，並不是說我不知道它的涵義。「媽」加上「蟲」，其實就是把媽媽定義為「害蟲」。但是，我很想知道為什麼有「媽蟲」卻沒有「爸蟲」？孩子在鬧脾氣，大家卻不是檢討雙親，而是只攻擊一方，這種動機令人匪夷所思。可能會有人說：「因為媽媽比較常照顧小孩啊！」但是，關於兩性的詞彙不都是成對出現的嗎？女人和男人、女廁和男廁，那麼如果有媽蟲，不就應該要有爸蟲……嗎？

講白一點，根本沒有「爸蟲」這個詞的原因就是：媽媽比較好欺負。這邏輯就跟「路上所有車禍都是金女士害的」*一樣。「媽蟲」這成見只不過是另一個型態的金女士，當金女士出現在駕駛座上，就賓果了！

會把這種瑣碎小事都扯到一種性別上，應該不是因為「女性實際做了什麼」，而是一種洗腦的手段，讓弱者去背黑鍋，也就是以後不管發生什麼事，都可以推卸到該對象身上。現在，請試著閉上

---

* 譯注：「金女士」一詞為流行語，由於「金」是韓國最常見的姓氏，就以此泛指開車技術不好的女人，相當於台灣的「馬路三寶」。

眼睛想想看，我給你幾個詞：孩子、女人、三十歲、咖啡店。那麼你會想到什麼呢？說不定你也曾經在內心大喊過這句話：「喔咿喔咿！緊急事件！緊急事件！咖啡廳裡面出現了一個很吵的小孩，然後他老媽呢？還在悠閒地喝咖啡！」為什麼第一直覺是用目光搜尋媽媽呢？

在路上發現駕駛技術差的人，未看先猜是「女駕駛」

這種典型化的認知是很可怕的。因為那就是先貼標籤再說，不考慮前因後果，就像沒有經過確認就直接對某人說：「你就是這樣啊！」而且這種典型化的認知，已經是我們很熟悉的思考邏輯。

好比一聽到「職業婦女」會自然想到時間一到就匆忙下班的女性，提到「超級英雄」就會想到穿著緊身衣、展現出肌肉線條的男性（但真的是這樣嗎？不管是職業婦女還是超級英雄，為什麼不能是別的模樣呢？）。如果這類典型已經深植在我們腦中，改變並不是一件容易的事。

假設明明是某個男性引發嚴重的車禍，那麼習慣歸咎於「女人開車」的人就會說：「啊？是男的嗎？這樣啊！」就這樣帶過了。但如果發現是女性肇事者，他們就會像鯊魚聞到血腥味一般緊咬不放：「我就知道！果然又是三寶害的！」

令我感到難過的是，我剛好就是常常帶著兩個小孩外出的三十幾歲女人，不知道從何開始就被當成「媽蟲」的範本。不同於單身

的時候、不同於獨自和朋友見面時，只要是帶著小孩出門，就會變成人人迴避的「危險人物」。

例如進餐廳時，服務生問：「幾大幾小呢？」然後我就會被安排到角落的位置；當我拿起一個餐具時，就會聽到：「請小心不要摔破！」或是發現服務生用不安而尖銳的目光，有意無意監視著我們，擔心我們母子會帶給其他客人困擾。

拜他們所賜，我練就了一番在公共場合讓孩子保持安靜的好功夫。用靜音模式給他們看手機裡的卡通，或是在孩子快要大叫時，輕聲說：「媽媽等一下買巧克力給你吃喔。」要是孩子一直不吃飯，就說：「等一下買你想要的玩具給你好不好，乖。」承諾會給他們獎勵（這部分我真的也很無奈。如果被育兒女神吳恩永看到，她一定會說我犯了育兒三大忌）。

有時候我也會懷疑是不是非要做到這種程度，孩子才會乖乖吃飯。但是每天家裡都開伙並不容易，而且全家一起外食的時候（「妳看！那桌是爸爸餵小孩吃飯耶！」）跟只有我帶孩子們去餐廳的時候（「可不可以請那一桌安靜一點？」），兩種眼光是完全不同的。但，我是不會就這樣妥協的，我們走著瞧！

不過，雖然我說要「走著瞧」，但這社會對於「走著瞧」的反彈力道也不容小覷。現在「禁止 12 歲以下孩童進入」的店家也越來越多了。當然也有些店家是為了特定目的而設立的（客群鎖定在

年輕女孩的談情說愛地點，或是一些適合讓人在裡頭進行冥想的咖啡廳？），但我偶爾還是會發現一些莫名禁止小孩出沒的地方，當我心想：「為什麼這裡不能讓孩子進來？」彷彿會聽到他們嚴正地拒絕我：「不要問為什麼，我們不想被小孩的尖叫聲搞砸氣氛。這裡是我的店，一切就是我說了算。」

我也不是想要破門而入，或者花力氣去證明什麼，畢竟沒必要弄得那麼狼狽。而且，現在我的孩子已經會在弄碎餅乾時偷瞄我，當我皺個眉頭的瞬間，他們就變成溫馴的小狗了。

真不知是該開心還是該難過。嘖……。

如果被我發現是誰創造了「媽蟲」這個詞，我真的很想緊抓著他的領口不放，說：「你竟然四處散播這種錯誤的想法！」然後用力朝他的鼻子之類的揍下去！完全沒有想要找麻煩的媽媽們，不得不跟想盡辦法挑毛病的人較勁，不就是這樣才造就出過度敏感的媽媽嗎？

現在，當對面那一桌的客人一邊盯著我的孩子看，一邊保持警戒地說：「小孩好可愛喔！」我聽到之後，會先皮笑肉不笑地回以微笑。唉，我討厭自己已經習慣以充滿防備的心態來面對世界。

可惡！到底是什麼時候開始變成這樣的啊？

不只為別人，也為自己而活

試著不忍耐的練習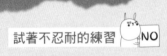

　　偶爾也會看到一些父母的行為，讓我覺得不太對。他們放著小孩在餐廳喧嘩吵鬧、嘻嘻哈哈，自己卻泰然自若地吃飯，或是在公共場所把用過的濕紙巾和尿布隨便亂丟。

　　我看到那種父母時，都會難過地說：「就是因為有人那樣做，才會出現媽蟲這種詞。」我媽聽到之後，總會指責我講的話：「爸爸和媽媽都一樣，為什麼只說媽蟲呢？那是沒什麼常識的人才會說的話。在我們那個年代，做出這種行為的父母都會被罵，但沒有這種詞彙。」竟然連我偶爾也會因先入為主的觀念脫口而出。希望未來不管什麼行為，都不會再被貼上任何性別標籤！

爸爸過世以後，我才了解的事

　　爸爸過世了，大概是在半夜十二點的時候。當時我已經睡著了，忽然被電話鈴聲驚醒，姐姐在電話那頭說：「爸爸過世了。」我聽到之後無法置信，分不清是夢還是現實。

　　我從二十歲離開清州到首爾之後，每天都跟爸爸通電話。少的時候一天一通，多的時候一天三四通。其實沒什麼特別的內容。大概就是「有沒有吃飯啊？」「今天做了什麼？」這些，而我總會不厭其煩地和爸爸報告我一整天的生活。「我今天跟朋友出去玩，他跟他爸吵架了。」「最近公司事情很多，身體不太好」等等，這樣的對話竟然持續了十幾年，不知不覺已經成為我的日記。好事也好，壞事也罷，就像寫日記一樣，我都會和爸爸分享。爸爸聽完之後總是回答：「做人要圓滑一點。不要為那些事太操心、太擔

心。」

對我來說，爸爸的死亡就像在作夢一樣，因為當天我才跟爸爸通過電話。爸爸說要和朋友去巨濟島玩，因為是夫妻旅行，所以媽媽也有去。平常爸爸身體上並沒有什麼不舒服的，只是在出門前三週曾經感冒而已，所以接到電話的當下除了震驚，我也非常好奇爸爸的死因。

後來才知道，當天他們很開心地在島上觀光，爸爸晚餐時還把一整碗飯都吃光了，後來睡到一半，突然冒汗，要人帶他去醫院。媽媽抱怨說，因為這次旅行是男女分房睡，所以很晚才看到爸爸，那就是最後一面了。爸爸在看到媽媽的那瞬間喊了一聲「啊」就倒下了。雖然後來緊急把爸爸送到醫院，但爸爸早已斷氣，醫院說，死因是心肌梗塞。

我平常從來沒有認真思考過死亡。尤其不會想到離去的人是爸爸，我一直堅信就算其他人會因為各種原因死去，唯獨爸爸一定會陪我一輩子。

當時爸爸就快滿七十歲了，我正在努力存錢，好讓他能在生日時去國外旅遊，所以當時他說要去巨濟島時，我就沒有另外再給他紅包了。真是太笨了。假如當初有給他錢，至少可以讓他買件新衣服穿過去。那點錢算什麼呢？

類似這樣的自責沒有盡頭……

我每天都打給他，為什麼沒有想到死亡正在逼近呢？

我今天跟他講電話的語氣會不會太差？

爸爸最近感冒那次，如果我立刻回家，會不會改變什麼？

我到底是在忙什麼才延後一週回家的啊？

這該死的臭丫頭、這該死的臭丫頭、這該死的臭丫頭……

這樣的後悔，永無止境。

有人說死亡只會讓人自我反省和悔恨，但我覺得這句話是錯的。在為期三天的葬禮當中，我一直不斷地抱怨那些讓爸爸吃苦的人。因為我在爸爸生前跟他講了很多電話，所以非常瞭解爸爸的日常生活、跟朋友的關係還有職場生活等等。一開始我有點討厭外婆家的人。因為爸爸跟媽媽結婚後，非常照顧外婆和媽媽的三個弟弟妹妹。和媽媽相差十歲以上的阿姨和舅舅，不管是他們上大學、結婚或是家裡發生各種大小事，總是會來拜託爸爸幫忙。我常常在電話裡對著老爸碎念媽媽，因為媽媽實在太照顧外婆家的人了。

所以，在爸爸的葬禮上，就算外婆家的人努力安慰我，我也不自覺地對他們冷眼相待。

來弔問的人當中也有很多我討厭的人。在爸爸升遷的時候阻礙爸爸的同事，一直跟爸爸借錢的親戚，還有每次都只想撈些好處的朋友。我光是看到他們的臉就覺得很痛苦。當他們在爸爸的遺照前下跪時，我真的很想對他們大叫或是把土往他們身上丟。

不過每當產生這股衝動時，爸爸似乎就會出現在我的身邊，緊緊握住我的手說：「不要這樣，都過去了。做人要圓滑一點。」爸爸的聲音讓我停下了動作，對我來說，爸爸一輩子都像活佛一樣不斷付出。

　　是啊，老爸！這些都過去了，曾經我恨得牙癢癢的人，現在都已經在爸爸的遺照前下跪了。但是，我心裡還是一直哭泣著。因為感受到很深很深的空虛，和爸爸一起生活的時光，就這樣過去了啊！

　　要忘記爸爸是很不容易的。

　　現在他還在我的皮夾裡露出燦爛的笑容；打開手機影片，他還在溫柔地唸故事書給孫子聽。雖然已經結婚六年了，但比起倚靠先生，我更倚賴的是爸爸，因為爸爸對我而言不是異性，也不是一般的爸爸，是這世界上唯一會無條件站在我這邊的人。

　　就算我不優秀，就算我沒有拿很多錢給他，爸爸總是對我說，我是他最驕傲的女兒。喪禮上，爸爸的朋友緊緊握住我的手說：「妳就是他的二女兒嗎？爸爸真的很寵妳。妳爸爸常常提到妳，他很掛念妳、很想妳。」

　　爸爸現在應該在更好的地方，做著比其他人更好的事。就算這

輩子沒有升遷到很高的職位，也沒有機會跟保證提拔他的上司大吵一架也沒關係了，如果這輩子我和爸爸的緣分只到這裡，就到這裡為止吧！某天我也會去到爸爸所在的天上國度，我會忍耐對於那些人的怒氣，因為爸爸畢竟是個總是替他人著想的好人。

　　每次想到爸爸已經不在了，就會非常想念他，但如果想成他是出遠門，內心就稍微舒坦一些，我們現在只是分隔兩地罷了。我相信，總有一天會再見面的。不論是飛在空中的白色蝴蝶，或是突然飛進家中的不知名小鳥，我都當成是爸爸在安慰我的信號，所以我總會仔細地觀察。我一直相信總有一天會和爸爸再相見。

　　想起爸爸生前說退休後的日子很無聊，所以我曾經考慮過要不要跟爸爸一起開設一個 YouTube 頻道。就像年過七旬的頻道主朴寞禮阿嬤*說「年紀大又怎樣」一樣，我也想幫爸爸找到人生的第二春，所以一天到晚都在聊「企畫案」，然後笑個不停。

　　「要不要拍個跟媽媽吵架的日常呢？」「爸爸很喜歡旅遊，要不要做個『明佑的英文挑戰』！」素材真的好多好多，只可惜，主角已經消失了。

　　我發現，現在的我已經不再恐懼死亡，只想著某天能開心跟爸爸再相見。

---

*　譯注：韓國著名的 YouTuber，訂閱人數超過一百萬。

隨著時間流逝，留下來的人總會有辦法消化悲傷。就像爸爸總是叮嚀我的人生哲學「做人要圓滑一點」，我對某些人的憎惡似乎也一同消失了。生與死真的只是一瞬間，所以我開始煩惱要以什麼樣的回憶來填滿我人生的第二幕。別提要成為什麼樣的父母了，我都還不知道要怎麼成為一個女兒，爸爸突然留下好多作業給我，那些作業就是關於「我要成為什麼樣的人」。

我不知道能不能成為像爸爸一樣寬容又有雅量的智者。我認為爸爸很多事情都吃虧了，儘管透過爸爸的離世，我再次體會到爸爸的美德──雖然慈愛，卻很有魄力。

我決定要活得和現在稍微不一樣，這應該是我未來的目標。

我很清楚的是，我只希望我所有生活的過程不會讓爸爸羞愧。我希望能過得正直、率真，更重要的是不幼稚的生活。當然無法和爸爸完全一樣，但在我身上也有著爸爸的血液啊，在我是「我」之前，我終究是爸爸的女兒。

爸爸，我好愛你，我們一定要笑著再見喔！

試著不忍耐的練習 🐰NO

　　有時我會夢到爸爸，在夢中，我端著生日蛋糕給爸爸，他頭戴壽星帽，開心地笑著；或是夢到跟外婆家的人聚餐，我們就像平常一樣在客廳裡聊天。某天我跟先生說：「我夢到爸爸跟我說了這些耶！」爸爸的痕跡不只是留在我身上，也留在圍繞著我的家人身上，這是爸爸留給我的，很大的回應，似乎也是爸爸最後留下的訊息：「家就是你的避難所，不要忘記這點。」

　　留下來的人，終究要學習轉換悲傷，把這段時間遭遇的失落、憎惡放下，之後遇到類似的狀況時，試著說出「我們還有彼此」。爸爸到最後都是我的老師，在我變成白髮蒼蒼的老奶奶和爸爸再見面時，我很想緊緊抱住他，跟他說我好愛他，也好想他。

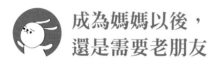

成為媽媽以後，還是需要老朋友

　　現在的 JYP* 創辦人朴軫永有一首名為《不要離開我》的歌曲，我非常喜歡。像猩猩一樣手長腳長的朴軫永穿著塑膠衣跳舞，我總會忍不住一起聲嘶力竭高喊：「不要離開我，我看不見走遠的你～」

　　我有一陣子非常喜歡這首歌，現在這首歌的歌詞成為我獻給朋友們的情歌。特別是給還沒結婚的單身朋友。我結婚的時候下了一個決心就是「就算結了婚，我也不會在朋友圈消失」，因為我以前就很討厭那些一結婚就從我生命中遠去的朋友。

---

* 　指「JYP 娛樂」，為韓國大型藝人經紀公司，和「SM 娛樂」、「YG 娛樂」並列韓國娛樂三巨頭。

首先，比我先結婚的人，能保持聯絡就已經不容易了。打了十次電話還不知道會不會接到一次，接到的那一次，背景音充滿了孩子的哭聲，而我朋友會急忙掛斷：「不好意思我現在有點忙，之後再打給妳喔！」

　　不過，就像各位所想的，那通電話從沒響過。就算我想再跟她連絡，但電話已經轉入語音信箱。我當然知道「結了婚」、「婚後有小孩」的生活和單身女性的生活不同，但沒想到會差這麼多，所以當時我會覺得朋友很過分，因此，我像是自我洗腦一樣下定了決心：第一，就算我未來有了孩子，也絕不會缺席跟朋友的聚會；第二，只要能帶孩子去的聚會，就絕對不會缺席；第三，最重要的是，我絕對不會主動取消聚會。

　　實際結婚生子之後，我才發現要實踐這樣的決心並不容易。

　　在「孩子」這動物能分辨大小便之前，不能說是一個「個體」，而是「動物」（到處哭，而且我還無法調整他的哭聲）。在他可以分辨大小便、開始走路之後，就要對他一切的行為保持警覺（吃飯的時候，注意不能讓他的頭撞到桌角，或是稍微一個不注意，他就會跑到馬路中間）。

　　所以儘管可以參加朋友的聚會（特別是和我兩個還單身的閨蜜智芝和良馥），但我的眼睛一直維持在一個很奇怪的狀態，一隻眼睛看著兩個朋友，另一隻眼睛緊盯我的小孩。當智芝認真跟我討論她的感情時：「姐姐，我覺得那個男的太普通了。」我卻答非所問

地說：「啊！我忘記帶尿布了！」良馥說：「欸，我最近被協理搞得快得憂鬱症了。」我卻是立刻從座位上跳起來：「欸！你要跑去哪裡？」（兒子啊，你乖乖待著好嗎）

於是從頭到尾，對話就這樣牛頭不對馬嘴，常常等我把孩子抓回來的時候，話題已經冷了。如果我嘗試想要回溫：「剛剛我們講到哪裡？」她們就會說：「喔！剛剛的話題已經結束了。不過，妳人在外面這麼久沒關係嗎？」

其實我是沒關係的，但大概對我的朋友來說很有問題。如果只有一個小孩，起碼還可以交給先生，不過要把兩個小孩都丟給先生就有點不好意思了。尤其我跟她們都是定期會見面的，如果先生問：「妳為什麼要那麼常跟朋友聚餐？」我也會很尷尬。所以我跟她們見面時，會選擇帶睡午覺的老二出去散步（老大很黏爸爸，所以比較難帶出門）。

不過這小子真的不簡單，只要出去外面，眼睛就睜得大大的，然後一口飯都不吃，四處搗亂。特別是當我們聊得正起勁的時候，他會喊一句：「我大便了！」唉，又大便了（這孩子一整天就是大便、小便和放屁，缺一不可）。於是我心裡又會對朋友感到抱歉：「她們可能會覺得很反胃……」每次跟朋友道別之後，我就會暗自決定：「如果想要和朋友們好好聊聊，不管怎樣一定不可以讓這傢伙跟我一起出來……」

不過，就像各位知道的，這也不容易。

差不多是到了這個時候，我才想到過去我不能諒解的那些朋友，開始深刻體會到她們的心情：「原來是因為這樣，她才沒有再跟我們聯絡。」「所以她才會選擇待在家裡啊！」

我腦海中還浮現另一個畫面，我想起之前逛網購時看到的某個美麗的外國媽媽，飄逸的長髮加上頭頂著太陽眼鏡，用一隻手有力地抱著小孩。我有預感我無法成為那樣酷炫的媽媽。如果真的那麼做，那天應該會變得非常悲慘：

眼前有一個跟酷炫完全扯不上關係的歐巴桑，眼妝已經因為大量出汗而花掉，頭髮也亂成一團，正在跟兒子拚命。同時鏡頭帶到另一角，身邊朋友紛紛對我投以同情的目光。

唉，不忍心再想下去了……

在育兒逆境中見證了真正的友情

人家說真正的朋友就像靈魂的另一半，我的兩個朋友就是那種可貴的「真正的朋友」。她們並沒有對在育兒生活中疲於奔命的我說：「下次見囉！」然後默默遠離我，而是比我更積極尋找替代方案：「下次我們去妳家，跟妳一起顧小孩」或是「如果不要讓先生太辛苦，我們在妳家前面的咖啡廳聊一個小時就好了」。

她們是如此為我著想。她們給了我意想不到的力量，她們努力體貼我的心情：「沒有朋友像妳一樣結婚後還能順利聯絡的。」「看到妳跟可愛的小朋友一起生活，我也為妳高興。」「我結婚之

後，妳也還是會跟我約出來吧？」天啊！她們真的很令我感動。我想到古代的哲學家西塞羅 Cicero 說過關於朋友的名言，每一字、每一句都刻入我心中：「友情讓人生變得更豐富閃耀，友情是透過分享來化解困境。」

雖然不是同個時代的人物，但約翰・喬爾頓・科林斯 John Churton Collins 也留下了：「在成功時，我們的朋友認識了我們；在逆境中，我們認識了我們的朋友。」

沒錯，在逆境（？）中明白友誼的真諦的我，想要長長久久守護我們的友情。也許以後會像她們所說的，她們總有一天會結婚，總有一天我們會帶著小朋友一起聚會。那時我應該要更有智慧地同理她們的狀況。比起把那狀況當成「別人的事」或「麻煩」，我更想擁抱並珍惜她們經歷的種種過程。然後我很想說：「我的好朋友們，妳們這麼努力想辦法跟我見面，在我眼裡，真的很酷。」

我們約好下次在南山一起吃早午餐，說好要在一望無際的風景中一起輕鬆地見見面、散散步。真的很感謝她們不只是為我，也為我的孩子留下很美好的回憶。光是有這些對我很好的朋友，以及現在的我還能跟她們一起聊天、相聚，就給了我很大的安慰，希望我們的友誼能夠持續到永遠。

「我的好朋友們，不要離開我喔！雖然現在有點辛苦，但是等狀況好轉，就會變得更好玩的。讓我們一起面對更有趣的未來！」

試著不忍耐的練習

　　每次發生大事的時候，都會有些朋友離開我。我結婚的時候一個、爸爸的喪禮時一個、生了孩子之後又一個。雖然我手機通訊錄裡有八百六十四個聯絡人，但真正的朋友大概只有三、四個。我很慶幸那幾位朋友還待在我的身邊，這本身就帶給我很大的安慰。

　　她們幾位不管我在聚會中做出多麼難看的行為（隨時要餵奶、換尿布、一直進出廁所等）都還是能理解我：「欸，這不就是當媽的樂趣嗎？」然後爽朗大笑。她們不經意的話語融化了我，就像傷痕累累的靈魂深處得到了治癒。啊，這就是我早上六點起床，即使要花費三個小時準備出門，而且也只能跟她們相聚一個小時依然甘之如飴的原因，「因為，妳們值得！」

有時母親，有時自己

　　對於還沒上學的兒童來說，兒童節沒什麼特別的，因為每天都在過兒童節。我的兩個還沒上幼兒園的小朋友也是這樣，天天都在玩，還喊著說：「我想要繼續玩！」就算我好心陪他們玩，但玩不到五分鐘我就放棄了，他們對著我說：「唉唷，這個超無聊的！」（喂！沒良心的傢伙！）

　　二十一世紀的兒童很懂「玩」，要求的娛樂水準很高。

　　拜幼兒園每週進行的「上週末你做了什麼」的活動所賜。這個活動讓孩子根深柢固地認為去兒童樂園玩、去親子咖啡館、買新玩具這些「特別的週末活動」都是「很平常的事」！他們的慾望就像無底洞一樣：「媽媽，我也想要跟同學一樣去那裡玩！」

　　俗話說，子女對父母的愛比不過父母對子女的愛。現代的父母都變成了孝子、孝女，我當然也想盡我的全力給孩子們好的東

西，不過，當某天我因為生重病躺在床上，孩子們卻連一句「媽媽妳還好嗎？」都不問時（他們還纏著我說要吃飯，用發出尿騷味的屁股貼在我的臉上），我認真決定：我要多照顧自己一點，偶爾也要為我自己過母親節！

所以我正在為自己設計一個「平常就要過母親節」的禮物。如果妳也曾因為幼小的孩子的舉動而受到嚴重打擊，建議妳一定要訂一天試試看。雖然很平凡，但是要為自己打造一個微小又特別的遊戲，就是：為妳自己過母親節！或者在生活中加入一點點能惹惱每次都跟你要求的孩子的「小趣味」，也是不錯的選擇。

咕嚕咕嚕沸騰吧！媽媽專屬的韓牛泡麵

韓牛是我們家每個週末必吃的菜。（「你們要吃韓牛才會長得高」這句咒語，他們已經聽到耳朵長繭了）不過只有今天例外，我不只是準備烏龍泡麵，而是「烏龍韓牛泡麵」。新鮮韓牛擺滿了整個平底鍋，倒入芝麻油後，煎到整個家都香氣四溢。不過，只有三分之一是放在你們的飯上，剩下三分之二都要鋪在我的泡麵上！哈哈哈哈！

什麼？你說媽媽怎麼這麼幼稚嗎？寶貝，你難道沒有聽說過嗎？蘇聯的醫生伊利扎洛夫說：「成人還是可以長高的。」如果醫生的意思是生長板閉合之後也能長高，那媽咪也想要用優質蛋白質來填滿肚子！而且這樣對你們來說不是也很好嗎？媽媽吃好的食

物，就會氣色好、身材好，這樣的媽媽應該很不錯吧！

不吃就不吃！我再也不要追著你們跑！

是的，我真的再也不要做這件事了！請看以下畫面：用餐時間，一個女人手裡拿著飯匙（披頭散髮，衣服上還黏著飯粒），苦苦追著另一端的小怪獸們，哀求著：寶貝，「再多吃一口嘛！」小怪獸們只管自在開心地跑跳，就像非洲大草原上的小獅子一樣，從餐桌底下、床上、再跑到溜滑梯底下。女人追逐著孩子，看起來非常狼狽，唉，我好想緊緊抱住那可憐的女人。

呼！所以，我決定以後要優雅地吃飯。

乾脆這樣吧，飯菜上桌後，先設定鬧鐘倒數三十分鐘，在那時間內享受我愉快的用餐時光。啊，聽到鬧鐘響的聲音了嗎？那表示我要開始收拾飯菜了。當然當然，我已經料到你們這群小怪獸會來纏著我，一直盯著我看：「媽媽，我要吃飯！」「媽媽，為什麼沒有弄飯給我吃？」孩子們，你們說這什麼話？你們還知道要自己拿飯匙啊？是媽媽沒有弄飯嗎？是你們不吃啊！會餓的話，下一次就要乖乖吃喔！這餐的時間已經結束了，忍到下一餐吧！OK？

該死的健達出奇蛋，我要我的涼鞋！

健達出奇蛋、健達出奇蛋，我真的很討厭那該死的健達出奇蛋。這些對健達出奇蛋瘋狂的小孩，不管是睡著還是醒著，都把健

達出奇蛋掛在嘴邊。在超市也是，在便利商店也是，連從幼兒園回家的路上都是！橢圓形的香甜巧克力裡附送著一個玩具，其實可以說是蠻夢幻的組合沒錯，不過我們家花在這該死的巧克力的費用，害我連夏天買雙涼鞋的錢都沒有了！一顆健達出奇蛋要價韓幣一千三百元，我要買的涼鞋是韓幣一萬三千元。喝！我今天要果敢地拒絕健達出奇蛋。

「媽媽，我要吃健達出奇蛋。」

「不行！今天媽媽要買涼鞋！」

「不要涼鞋啦！我要巧克力！」

「抱歉，不行！你知道媽媽每次下雨天回家穿著包鞋有多難走嗎？鞋子都濕掉，底部還脫落，你知道我有多不舒服嗎？而且巧克力吃太多會上癮。甜食也會上癮。不能太常吃。有聽懂嗎？」

當然聽到這些話的孩子一定會哭。不管他能不能理解，這不是重點。今天我就是要買涼鞋，不是健達出奇蛋！

不要再看屁屁偵探了，我要看偶像劇！

伴隨著大便、小便跟放屁，最近出現了很轟動的「屁屁」。就是攻占電視和電影版面的「屁屁偵探」主角。如果說在成人世界裡的偵探是夏洛克・福爾摩斯，那在兒童世界裡就是屁屁偵探，他用屁屁調查一切，連長相都跟屁股一樣。人臉上該有的，在他光滑的屁屁上都有，遇到事件時就用味道來調查。如果對手是難應付的壞

人？就放屁攻擊！就是用他的屁股，啊不是，是他的臉！

事發經過是這樣的，如果陪小孩看屁屁偵探，我就要跟今天的新聞說拜拜（不管是匯率、政治界的八卦、室內裝潢還是消費趨勢）。常常讓我因此無法跟上成人的流行，只能用呆滯的表情看著對方：「原來最近流行這個啊！」（心中浮現數萬次：「那個到底是什麼？」）

不行！不行！不行！今天我要轉到我想看的頻道。「Genie*，我要看屁屁偵探！」就算孩子喊幾百次我也不怕，哼！這種小事，我只要憑遙控器就能抵擋得住。啊～終於看到久沒見的池珍熙，還有懷念的動作片。喔喔！孩子們在哭嗎？不要緊張，稍微放著他們，只要忍耐一下，哭聲就會消失了，不知不覺兩個孩子又會自己玩在一起。「我們來玩恐龍遊戲！」「一起出發去小島冒險！」你們這兩隻明明不看電視也沒差！

雖然沒辦法每天都幫自己過母親節，但有個警訊妳得特別留意，就是當妳發現比起「在我面前搗蛋的小鬼」，在手機相簿裡笑著的孩子更可愛的時候。當出現這個警訊時，就代表妳需要的是：「就今天一天，不要全都配合孩子的喜好，做一些自己想做的

---

* 譯注：為自動語音辨識智慧家電服務，只要喊「Genie」即可啟動。類似 Apple 的 HomePod 或小米的小愛音箱。

事吧！」

　　方定煥先生為了維護兒童的權益而創立兒童節[*]，但在如今兒童當道的時代，媽媽們也需要認真過母親節。我記得某個房仲阿姨在勸我投資不動產的時候說：「不要太以孩子為重，會長大的孩子就算吃菜乾也會長大！」大概說對了一半。不要把孩子當成自己全部的重心，一半為孩子，另一半要留給自己！為了彼此的幸福，平均投資吧！

---

[*]　韓國兒童節為國定假日。由韓國著名的兒童權利提倡者、兒童文學作家方定煥所創立，原訂為 5 月 1 日，在韓國受日本統治時曾被取消，至 1946 年恢復，但改為每年的 5 月 5 日。

試著不忍耐的練習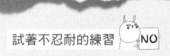

　　不過抱怨歸抱怨，偶爾還是會被孩子所感動。某天我因為工作壓力太大，只想躺在床上，五歲的老大小心翼翼靠近我說：「媽媽怎麼了？有什麼煩惱嗎？好好溝通就能解決，不要一個人自己辛苦喔！」然後四歲的老二用小小的眼睛看著我，一起安慰我說：「媽媽，你要幸福喔！」瞬間我這群小鬼變成了天使，對於他們的乖巧，我的回應是：「你們會認字了嗎？」然後開始考他們國字。老二就說：「媽媽為什麼要破壞氣氛？」是啊，我太得寸進尺了，應該要像個大人一樣，接受他們的好意就行了，不要又板起媽媽的面孔，雖然，我也不是什麼完美又成熟的大人。

 **找回我的興趣**

　　我曾經以為和伴侶擁有相同的興趣就會很幸福，還幻想著每個週末都勾著先生的手，享受兩個人美好的假日時光。因為先生的興趣是跑步，所以一開始我也試著開始跑步，先生也幫我買了好幾套品質不錯的運動服。

　　不過，等到我發現「再跑下去真的會完蛋」的瞬間，已經步入了婚姻。結婚後的我，每次和先生去跑步時都會反覆想著：「唉，沒辦法再跑下去了，實在太累了。」先生卻完全沒發覺，還不時邊跑邊讚嘆：「妳看！那顆樹跟天空交織成的景色很棒吧。」除此之外，跑上坡路時更是一件苦差事，當先生不停喊著：「Go！Go！」而我則是跟著跟著，不知不覺就舉雙手雙腳投降了！

　　所以我終於忍不住說出：「不好意思！跑步真的太無聊了！」

　　下一個努力的共同樂趣是看高爾夫球。一開始我想，雖然我不

會打高爾夫球，但看著看著某天應該可以一起打，所以就和先生一起看高爾夫球的頻道，他簡直開心得不得了：「妳看，他只輕輕敲了一下球，簡直就是超有水準的打法……」然後在家裡拚命揮二手高爾夫球桿。

我看著他的樣子，再次看看高爾夫球頻道裡的選手，選擇閉上眼睛。當我想著「高爾夫球真沒用又無聊」的瞬間，發現我已經打起瞌睡了。

我試著回想一下，發現我根本從來沒有覺得看高爾夫球，甚至是棒球、足球好玩過。除了「吊單槓」那種比較單純的運動（說是運動又有點那個）之外，我好像不會把身體活動當成一種興趣。我現在連棒球規則都不知道，韓國足球選手當中，我也只認識安貞桓和孫興慜而已。

其他還有很多無法一一列舉的「我曾經試著去喜歡的興趣」。例如先生喜歡逛售屋網站、看探索北韓社會的紀錄片（我凌晨三點醒來走到客廳時，電視還播放著跟北韓有關的節目，但先生已經在沙發上昏睡），或是買樂高玩具來組合等等。

之前我為了配合先生的喜好而費盡心思，但現在我終於體認到我們的興趣是「不一樣」的。就算我努力去做，還是很容易在途中恍神，不然就是開始頭暈，就算假裝感興趣而說出：「哇！好好玩喔！」也很像機器人在說話一樣，尷尬又僵硬。我終於明白，這就是所謂的對牛彈琴吧……

另一方面，我也曾鼓勵先生來體驗看看我的興趣，但這也不容易。「我們一起去逛書店，看看書好不好？」等到我把先生帶到書店二十分鐘後，他就會說：「那個，我去外面處理一些事情再回來，這裡太無聊了。」

　　或是我邀請他跟我一起聽神話或 Heize 等我喜歡的韓流音樂，他就會尷尬地說：「我不討厭音樂，但其實沒有特別喜歡聽。我通常都聽英文歌……這首歌怎麼樣？就像微風輕輕拂過身體一樣，很舒服、很好聽吧？」然後播給我聽。原本我滿心期待地豎起耳朵，結果聽沒多久我就想：「嗯，這音樂完全不是我的菜……」

　　沒錯！原來我們真的是完全不一樣的人，我們的興趣真的沒有交集，而且要讓我們的興趣找到交集的過程，實在是讓彼此非常非常痛苦！

　　我逐漸明白，只是因為一起生活就要綁住彼此的喜好和時間，不過是會讓人直打哈欠、無聊透頂的堅持，在好幾次的嘗試後，我確實體會到了這點。其實不只是跟先生，我在結婚前交往過的男朋友，甚至是跟家人之間，我都發現彼此要擁有同樣的樂趣並不容易。

　　我曾經陪學劍道的男友走遍首爾市區去看「劍」（我到現在還無法忘記他看到高級的劍時讚歎的表情），也陪喜歡圍棋的爸爸看過好幾個小時的圍棋比賽（我甚至建議失眠的人可以看圍棋比賽，那絕對是效果非常好的安眠藥）。我雖然陪著喜歡的人做他們

喜歡的事，卻也讓我發現這並不是靠努力就能做到的，而且對彼此而言應該都是如此。例如同樣都是吃糖醋肉，有人喜歡淋醬吃，有人喜歡沾醬吃，人的喜好本來就沒辦法完全一致。

幸福感是要自己發現後去爭取的

不久前，我在樂園*的地下街買了一台二手鋼琴。高三之後我就沒再彈過琴了，不過那時我的腦中突然閃過彈琴的畫面。所謂自己真正喜歡做的事，雖然看似是殺時間，卻也是找回情緒和節奏的時間。

之前我因為經濟考量而放棄了音樂之路，但心中還是潛藏著想再次彈琴的渴望。十隻手指頭隨心所欲地在鋼琴上移動，就能彈奏出優美而動人的旋律，很神奇。而比起大調，我更喜歡小調，每當我閉上眼睛，手指在琴鍵上舞動時，感覺自己彷彿置身另一個世界，有時像是正在優雅品茶的女王，有時則像在森林中伴著草木香赤腳奔跑的孩子。

我也建議想要寫作的人可以去學琴。如果能充分理解音色和音階，即使只是寫出一句話，也能營造出符合那句話的節奏與氛圍，要傳達出喜悅感呢？還是悲傷呢？是緩慢呢？或者乾脆休息一拍？

---

* 譯注：韓國地名。

我重新彈琴後，許多回憶也開始湧上來。

例如曾經因為要參加鋼琴比賽，一整天反覆聽了無數次蕭邦的CD；被單戀的男生拒絕了之後邊哭邊敲擊著琴鍵；在家人的慶生會上表演我精心準備的曲目；找到很有共鳴的電影主題曲的樂譜，聽了好幾次之後，把整首曲譜都背下來等等的回憶。

鋼琴讓我想起過往的點點滴滴，也讓我有機會為貧瘠的生活重新注入活水。儘管當時也發生過令我不開心的事，但鋼琴讓我能細細回味，以更成長的心情來面對未來。

擁有「興趣」，除了能感受更多的喜悅，還能排解當時的煩悶或不安。至於享受興趣的時間，更是獨一無二，讓我可以反思並認識自己，而且在這段時間裡，我似乎不需要任何人的陪伴。

「你是怎麼發現這個興趣的呢？」關於這答案的內容及深度，每個人都不同，但我會把「發現興趣、培養興趣的過程」當成專屬於我的故事來享受，而這又會帶給我更大的樂趣。例如彈奏鋼琴時，我腦中的各種情緒會透過許多音符清空，壓下一個又一個的琴鍵的過程中，煩惱彷彿隨風而逝，大概很接近「瑜伽」或「冥想」的狀態。

我們都無法持續讓某人感到幸福，而其他人也無法持續讓我們感到幸福，對於自己的幸福，自己要負責任，如果為了別人的幸福而將自己的幸福擺第二，實在很可惜。透過興趣而感受到的幸福也

是這樣吧？我喜悅的瞬間是任何人都無法代為擁有的。我們的樂趣應該要由我們各人自己享受，即使是一起生活的家人也一樣，因為我們每個人依然是獨立的個體。

這個週末，先生要去南山跑步。而我不會再穿上運動鞋跟他一起去跑了。在他跑得汗流浹背，享受戶外空氣時，我要在房間裡開心地彈琴。無論是嘮叨的話、讚美的話，都隨著琴聲叮叮噹噹地流洩出來。

即使是夫妻，我們彼此都不互相干涉，留給彼此享受「專屬於我」的樂趣的機會吧，這也算是我給自己放的假！

試著不忍耐的練習

雖然我和先生的興趣不大相同，但「口味」倒是蠻類似的。先生是個美食家，喜歡到處吃美食，到處開發各種美味餐廳。「這家冷麵的麵條很不賴耶！」或是「吃吃看，這家泥鰍湯的湯頭真的不一樣！」所以後來我的口味也被養得很刁，「天哪！這間味精也加太多了吧？」「什麼？這麵皮也太厚了！」之類。

不過我的手藝卻跟不上我的口味。今天就在廚房為了做出一道炒飯而努力了一個小時，沒想到背後傳來了先生的抱怨：「唉，早知道就不用常常花錢吃美食，又不是說吃過就很會做！」我火大了：「笑死人！哪有煮一次就成功的？那你以後自己去吃啊！」我們這兩顆行星看似即將有交集卻又遠離了。後來，我決定乾脆去外帶食物回來吃！

不只為別人，也為自己而活

試著丟棄，就會變得自由

　　搬過幾次家之後，意外發現自己過去竟然和這麼多垃圾一起生活著！我所說的垃圾，就是占據那兩大格衣櫃的衣服。先生每次看到我的衣櫃都會說：「妳全部都會穿嗎？那件點點毛衣，我印象中妳這幾年來都沒穿過。」那時我反駁他：「幹嘛這樣講？我今年冬天一定會穿，你不知道點點是絕對不會退流行的嗎？」話雖如此，那年冬天我依然沒穿過那件毛衣。

　　只有那件毛衣嗎？之前被半價吸引就隨便抓了一件淺綠色毛衣，還有網購時花了韓幣十五萬買了一件尺寸不合、一次也沒穿過的淺藍色洋裝，連我自己都忘了當初為什麼買下來。堆在我衣櫃裡的衣服，到最後都沒有被主人看上，也哪裡都逃不走。

　　但是一想到真的要丟掉它們，又讓我猶豫了。

　　「這件當初花很多錢買的耶……丟掉很可惜。」「應該要有一

件這種橫條紋對吧？」「這件稍微改一下還能穿。」「啊！這件下次送給朋友好了。」「衣服已經夠少了，連這件都要丟的話，我要穿什麼？」「這件啊……總有一天會穿的！」

開始整理，就會變得自由

列夫・托爾斯泰 Leo Tolstoy 說過：「要過得自由，就遠離那些不必要的東西吧！」不只是衣服，其他化妝品、保養品、家具等等也一樣，雖然當下內心瘋狂大喊：「我一定要買！」但後來家裡只是變得越來越亂（東西就像不知從哪裡蹦出來的一樣，到處都有）。「不管怎麼樣，這個絕對不能丟」是我的壞習慣。吵著要買然後又後悔，但又沒辦法輕易丟掉，所以只好再度後悔。

此外，我總是擔心準備不周，光是兩天一夜的旅行，我就可以把兩個普通尺寸的行李箱塞得滿滿滿。把睡覺要穿的衣服和拍照要穿的衣服以顏色區別之後放進去，然後再放入化妝品、保養品跟保濕面膜。對了！中途如果要補充體力就不能忘記帶巧克力、羊羹等零食。還有！不能漏掉保健食品……。然後如果很無聊的話，怎麼辦？嗯嗯，書！還要看 Netflix，所以平板也要一起帶。什麼？已經裝滿一個行李箱了？

我想，應該認真思考看看，我為什麼要帶這些東西出門。還有對於「該不該丟棄」訂下明確的界線才對。如果把留下的原則改為

只有「實際會用到」以及「具有非留不可的意義」兩種呢？這樣應該比較能放下對物品的執著。

　　我決定再度嘗試整理，首先，我大膽整理出一年內都沒有用過的東西，其中有些東西對我來說別具意義，所以還是留下來了，例如度蜜月時買的洋裝、奶奶送我的福扇、媽媽給我當嫁妝的書桌等等。有些則是我已經對它有感情了，只是看著也會湧現當時所有的回憶和感覺，那些物品彷彿在和我說話：「最近很辛苦嗎？想想過去和我一起度過的美好吧！」它們總會帶給我小小的安慰。

　　就像這樣，先開始整理吧！內心會逐漸放鬆的。

　　「捨棄，即是自由」，應該是因為能夠減少想到它的次數，也是因為可以放下「非得懷抱這些東西前進」的執著和負擔。我大概清楚為什麼《怦然心動的人生整理魔法》劇集能轟動一時的原因。空間清空的部分越多，我的思路就變得越清晰，接著還會再思考我可以丟掉什麼。這樣的想法也不侷限在物品上，對於煩惱、關心的議題、慾望等等都是共通的。

試著放下嫉妒，就會變得自由

　　有一陣子我會特別留意社區大廈的房價。女兒會問我，為什麼我們家這麼小，甚至對我說：「不要住在這種普通的房子裡，搬去

飯店啦。」

女兒啊！誰不想住那種宮殿般的房子呢？如果不用花錢，我連夜就會搬過去！

差不多也在那個時候，我聽到朋友搬到首爾蠶室站的社區大廈的消息，我真的眼紅到眼珠子都快掉下來了，感覺我們家就像寒酸的蟑螂。不過，我也很快就丟掉這種念頭。政府對於房貸的新制度剛上路，我們是不可能現在就搬到社區大廈的，對於房價總有一天會跌的希望，我連百分之一都丟掉了（幾乎可以說是絕望）。只要有一間全家能平安住著的房子，我就滿足了。我想，這是只要努力，總有一天可以達成的願望吧！不必是昂貴的房子，就像我現在住的這間也很好。

捨棄多餘的關注，就會變得自由

在這個世界上最沒有意義的就是擔心別人，其中，關心和擔心藝人更是沒意義中的沒意義。過去，我是一聽到「OOO 這次去濟州島拍宣傳照耶！」就會忙著找新聞看的人。然後挾帶著一絲嫉妒說：「還有天理嗎？都這把年紀了，怎麼還這麼漂亮？」至於誰又跟誰交往、結婚、離婚，這些內容至少可以讓我聊上半天還不膩。

如果我也這麼關心我家小孩，我應該就可以把女兒幼兒園班上同學的名字都背起來了，也可以拿那個時間研究怎麼為家人設計更營養的菜單。想到這裡，我不禁想吶喊：IU 跟誰談戀愛干我屁

事！雪莉的 IG 照片也是！我統統不看了！

拒絕虛榮的假象，就會變得自由

其實我從來沒吃過非常好吃的馬卡龍，只是很羨慕那種優雅地輕咬一口的樣子。想想馬卡龍一顆就要價韓幣三千五百元，迦納巧克力買一送一只要一千元，我可以吃得更開心。這樣算起來，一開始就不要吃馬卡龍之類的還比較好。有人說吃馬卡龍就像品嘗小法國的滋味？別說那種虛有其表的話了！我寧願選擇便宜好吃的高熱量食物！還要一次吃一大口！

不拘泥枝微末節，就會變得自由

從國文系畢業的人，通常會自認在文字運用上高人一等，對於文法相當執著。傳一封訊息也好，說話的時候也好，如果有人問我，這裡是要空格還是不要空格，我會說我知道，然後另一隻手趕快上網搜尋。說實在的，如果只是要表達意見或情緒，何必那麼在意文法呢？文法的些微錯誤難道會造成嚴重的誤解嗎？多數時候，如果心意真誠，一定能夠相通的。

我曾經追過一部韓劇，劇名是《你的管家》，由零死角美男子河錫辰演出一位專業的空間整理師，不只是為房屋，也為思緒一團亂的女子們整理。我整個被男主角迷住了：「叫一個大帥哥來幫忙

整理家裡？太可惜了吧！」然後不自覺也開始整理起房間。我還決定要持續整理，就算朋友邪惡地勾引我：「一起去逛街買點東西吧！」我也決定裝作沒聽見。

試著不忍耐的練習

　　在思考「該丟掉的東西有哪些」時，妳有沒有不小心望向那個躺在沙發上的人呢？（如果妳也出現過這樣的想法，我一定要抱抱妳。雖然對那位有點不好意思）確實，丟掉沒用的東西能讓我們變得更輕鬆。清空的過程，會讓人找到更重要的生活意義。試著丟棄吧！光是丟棄的行為，就會讓心也變得自由！「清空」，就是智慧人生的第一步。

不只為別人，也為自己而活

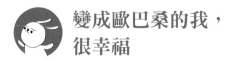

變成歐巴桑的我，很幸福

　　還記得小時候，我跟同個社區的朋友聊過：「我們長大後會變成怎樣的歐巴桑呢？」當時我們小學五年級，對於歐巴桑的印象是「QQ 捲髮、胖嘟嘟的身材、大嗓門」，我們熱烈討論了一番，包含自己適不適合捲髮，還有變成歐巴桑之後敢做哪些事。

　　當時還盛傳歐巴桑搭公車時會為了占座位，搶在其他人坐下去之前先丟出包包占位（實際上我就看過兩三次）。印象中的歐巴桑還帶著一點莽撞和強勢，如果要用卡通人物來形容，應該就是《我們這一家》裡的花媽吧？

　　實際上成為歐巴桑之後，才發現跟少女時期完全不一樣。首先就是對打扮的要求不高（以前我連去附近超商都一定要擦口紅，現

在只有去幼兒園的時候才會擦），對於八頭身也沒有那麼執著了（以前為了不要讓自己看起來太矮，很堅持要穿八公分高跟鞋，現在偏好兩公分短靴），以前會很在意別人眼光而動作小心（聽到好笑的話會掩嘴笑，在捷運上被推擠也不敢抱怨），現在則會毫不在意地大笑：「哈哈哈！那又不算什麼」。

還有另一個變化，就是過去因為小心翼翼而隱藏起來的情緒和想法，現在都會不經大腦直接表達出來！往往在我脫口說出「哈！笑死人了！」之後，自己也嚇了一跳。

年輕的時候會有點擔心自己變成這樣，怕會聽到別人說：「那個人也太白目了吧？」不過實際經歷後，覺得這是非常幸福的變化。就像從穿著迷你裙提名牌包的小姐，脫胎換骨成穿著飛鼠褲提著環保袋的歐巴桑。可能有人會覺得很俗氣，但這表示我不用那麼在意周圍的視線了。

當我發現我沒有被任何一個人注視的時候，那種自由的感覺就像飛上天一般，尤其是在經歷結婚、生產還有家人間的糾葛之後，粉身碎骨般的體驗卻也讓我萌生了一個正面的想法：「無論如何都能克服困難的。」

在我心中那個只要犯一個小錯誤就抖個不停的小孩，不知不覺已經成長為豐腴的大人，還不停炫耀自己的二頭肌和三頭肌（笑）。

當然成為歐巴桑也有缺點。例如第一個消失的就是單純無邪的

笑容。現在我偶爾會參加在漢江舉辦的春天或秋天慶典，在那裡會見到不少身穿碎花洋裝、掛著明亮微笑的二十幾歲女孩們。她們的笑容太耀眼了。到底是什麼東西讓她們這麼開心呢？光是微風吹過也會笑得花枝亂顫。

相較之下，我這身黑不溜丟的裝扮配上太陽眼鏡，臉上則面無表情，而且又沒有什麼開心的事，實在沒辦法那麼輕鬆地笑，我的樣子就好像是在說：「你們要不要讓我看看是有多好笑。」我想可能是因為我對這社會太過失望而產生的副作用，不過這也沒什麼不好的。我瞭解現在的自己，也已經不會輕易對沒有道理的人事物產生共鳴。

上網搜尋「歐巴桑」，會看到維基百科上「歐巴桑」的定義是：「日語原意分別為『阿姨、姑姑』和『祖母、奶奶』的意思；中文則是指『大媽、大嬸、阿姨』，用於稱呼中老年婦女，帶有貶義。」稱呼未婚女性「歐巴桑」，一般被認為是很失禮的事，但說實在的，我不這樣認為。不管有沒有結婚，上了年紀的女性被叫「歐巴桑」和被叫「小姐」，是代表明顯不同的人生歷練的感覺。

「歐巴桑」這稱呼似乎蘊含著說不完的酸甜苦辣，比起「姐姐」、「阿姨」的形象，還多了一份內在的寬容，我覺得這是最大的優點。

歐巴桑的人生歷練也讓她們更加出色，例如犯罪心理學教授李秀晶說：「因為我是歐巴桑，所以能以毫無顧忌的心和嫌疑犯溝通。」有些女演員則是在成為歐巴桑後，演技更大放異彩（像是全智賢和金喜善！）；有的 CEO 甚至是以歐巴桑的心態構想出更具實用和變通性的服務。

歐巴桑，並非只是一頭 QQ 捲髮或是大嗓門的代名詞，而是能「清楚展現主體性的女性」。

你可能也想問，難道只有上面提到的名人和演員嗎？當然不只如此，從把家裡打理得有條有理的專職家庭主婦（不然那些聰明的孩子是怎麼被養大的？）到相信女性可以改變世界的各種活動的倡導者，每當我聽到她們激勵人心的話語和偉大的故事時，都受到很大的鼓舞，也會反省自己：「要成為那種程度的歐巴桑，我還有很長的路要走。」

關於「歐巴桑」這個品牌

如果要說說我對未來的期待，就是我希望自己可以成為更寬宏大量的歐巴桑。我曾幻想過自己能擁有領導魅力，但⋯⋯我似乎沒有那方面的天分。三十歲的我還沒辦法完全拋下自尊，所以不管是說話的語氣還是寫出的文章，常常會帶有急躁或過度渴望表現的感覺。對先生和對兒子也是，我曾經在笑著說：「我都可以啊！」之後隨即發現不順眼的事又立刻大吼：「你們這些傢伙！都沒把我說

的話聽進去！」如果家裡有裝監視器，這些內容簡直可以當成一系列連續劇播出，內容是誇張行徑的媽媽日常，名稱是《當媽媽就是這麼崩潰！》

中年演員尹汝貞老師和金海淑老師，兩位都是我的模範。首先，兩位都非常自信滿滿，並沒有因為歲月的洗禮而顯露滄桑，她們展現出坦然接受一切、相當有深度的成熟。尤其是擅長外語的尹汝貞老師，是我的偶像，不僅和年輕人說話時完全沒有隔閡，也積極瞭解新事物。

金海淑老師則多了一份溫暖，不管聽到什麼，都會豪放地大笑，問：「這樣嗎？」如此寬大的風範，好像能溫柔擁抱眾人。年過花甲的她，在螢光幕上比年輕時更有魅力，無論是素顏還是上妝，她都是「金海淑」。她自己就是一個品牌，不是任何一個「別人」。

我也想成為這樣無可取代的歐巴桑，成為內心比外表更美的人。上了年紀後，面對任何挑戰都能無所畏懼地過關斬將。自從二十歲來到首爾之後，為了能在這裡找到自己的一席之地，我從沒有鬆懈過，但是現在，我已經不想要再努力假裝很「潮」了。辛苦的時候，能幽幽地說出：「沒錯！人生就是這樣啊！」

現在的我，已經過了被叫歐巴桑會大吃一驚的年紀。我期許自己能散發出明亮又溫暖的光，而且我會說：「要出於自願成為歐巴

桑，才是真正瞭解人生！」我想傳遞這種自由又沉著的氛圍給身邊的人，就算歲月流逝，對人生的熱情也不會冷卻，也不會因為小事輕易動搖。我深信，我能成為這樣對生活充滿熱情又不失大膽的歐巴桑。

身為歐巴桑，我很幸福，也因為是歐巴桑，所以我相信我會一直幸福下去。

試著不忍耐的練習

大眾對於歐巴桑的印象改變，可以從「造型的多樣化」這點看出。以前歐巴桑的造型清一色都是 QQ 捲髮，而現在開始出現短髮、長髮、離子燙。我覺得長髮很麻煩，所以一直以來都維持短髮，但現在正在考慮成為「歐巴桑」之後，要選擇「有年紀的媽媽」還是「女士」的造型。如果頭髮長長了，要綁起來嗎？還是乾脆不要染，直接整頭白髮呢？

不過，不能忘記！所有造型的起點都是「濃密的頭髮」。所以我今天也決定要用寬宏大量的心來擁抱世界：「不要有壓力，過得更積極吧！」這樣的正面能量或許能減少掉髮（？）

現在閱讀這篇文章的您，過得幸福嗎？三十年後，我們弄個特別的造型，來見個面如何？一起試試看吧！

不只為別人，也為自己而活

台灣廣廈 國際出版集團
Taiwan Mansion International Group

國家圖書館出版品預行編目（CIP）資料

已經辛苦，就不要再心苦：這次，妳不必再忍耐了！跟著韓國犀利主婦一起打破
家庭、職場與社會期待的枷鎖，身為女人，我們可以活得更舒適自在／李承柱著.
-- 初版. -- 新北市：蘋果屋出版社有限公司, 2023.09
面；　公分
ISBN 978-626-97437-2-8(平裝)

1.CST: 情緒管理 2.CST: 自我實現 3.CST: 生活指導

176.52   112010384

蘋果屋
APPLE HOUSE

已經辛苦，就不要再心苦

作　　者／李承柱	編輯中心編輯長／張秀環
翻　　譯／葛瑞絲	編輯／蔡沐晨・陳虹妏
繪　　者／JJ	封面設計／林珈仔・內頁排版／菩薩蠻數位文化有限公司
	製版・印刷・裝訂／東豪・弼聖・紘億・秉成

行企研發中心總監／陳冠蒨　　　　線上學習中心總監／陳冠蒨
媒體公關組／陳柔彣　　　　　　　數位營運組／顏佑婷
綜合業務組／何欣穎　　　　　　　企製開發組／江季珊

發　行　人／江媛珍
法律顧問／第一國際法律事務所 余淑杏律師・北辰著作權事務所 蕭雄淋律師
出　　版／蘋果屋
發　　行／台灣廣廈有聲圖書有限公司
　　　　　地址：新北市235中和區中山路二段359巷7號2樓
　　　　　電話：(886)2-2225-5777・傳真：(886)2-2225-8052

代理印務・全球總經銷／知遠文化事業有限公司
　　　　　地址：新北市222深坑區北深路三段155巷25號5樓
　　　　　電話：(886)2-2664-8800・傳真：(886)2-2664-8801
郵政劃撥／劃撥帳號：18836722
　　　　　劃撥戶名：知遠文化事業有限公司（※單次購書金額未達1000元，請另付70元郵資。）

■出版日期：2023年09月
ISBN：978-626-97437-2-8　　　　版權所有，未經同意不得重製、轉載、翻印。